GEORGE TAUTAN-CERMEIANU
QUE J'ETAIS BEAU COMME UN DIEU!

Collection MEMORIA

Les Editions Humanitas sont inscrites au programme de subventions globales du Conseil des Arts du Canada

ISBN 2-89396-105-3

Dépôt légal - 4ᵉ trimestre 1994
Bibliothèque nationale du Québec
Bibliothèque nationale du Canada

© Humanitas

Imprimé au Canada

5780, avenue Decelles, Montréal, Québec, Canada H3S 2C7

GEORGE TAUTAN-CERMEIANU

QUE J'ETAIS BEAU COMME UN DIEU!

R O M A N

Au-delà de la conventionnelle classification des genres, aux confins de la confession, de l'évocation et de la littérature, cette nouvelle collection — MEMORIA — invite à la découverte d'autres pays, cultures et traditions sous la plume des auteurs du Canada et d'ailleurs.

Plus déprimé que jamais, je rentrai à la maison. C'était un jour torride du mois d'août. Toute espérance d'un avenir meilleur s'était évanouie; tous plaisirs me fuyaient. Ma femme avait fait merveille pour le repas: haricots verts, côtelettes à la crème de bufflonne. Je n'y touchai pas. J'arpentais la salle à manger. J'espérais trouver dans mon cœur en détresse un peu de consolation...

Je m'écrasai dans un fauteuil. Tout le monde observait ma tristesse inaccoutumée; les enfants, gentiment, plaisantaient; la chienne, affectueuse, tentait de jouer avec moi; ma femme, qui d'habitude prenait assez de place, osait à peine quelques questions. Je lui répondais par monosyllabes; demain, elle pourrait me parler, mais pas ce soir. Dans un jour ou deux, j'ouvrirais mon cœur.

Machinalement, je regardai le dernier journal télévisé et j'allai me coucher avec l'image de la dernière visite de travail du «génie des Carpathes», Nicolae Ceauşescu.

«Que le Parti soit maudit!», dis-je avant de monter dans mon lit...

La nuit précédente, je l'avais passée au dépôt, débordé de travail: quarante locomotives à réviser et, aussi, les appareils de vitesse à réparer! A sept heures du matin, j'étais bon à jeter aux chiens. Une douche m'avait rafraîchi les idées; en sortant, j'avais décroché, le premier, ma bicyclette du râtelier pour être vite chez moi. Mais le pompier en chef m'avait arrêté à la sortie:

— Allez vite chez le dirigeant du dépôt, camarade professeur, il vous attend...

Je n'avais pas le choix, j'allai voir mon supérieur. Je pris les notes nécessaires à la préparation du discours qu'il prononcerait devant l'Assemblée du dépôt. Je me retirai dans un bureau du secrétariat et j'écrivis le discours demandé. Je le rédigeai en soulignant les défauts du plan annuel, défauts constatés depuis longtemps déjà. Je savais que le chef du dépôt ne lirait le discours qu'une demi-heure avant le début de l'assemblée, et qu'il serait alors dans l'impossibilité de le changer. Personne pour le refaire! Il avait un caractère de cochon et je voulais qu'il devienne la risée de tout le monde. Tout était vrai, hélas, dans mes critiques. Je me suis demandé si je n'étais pas allé trop loin. Mais certaines critiques n'étaient admises qu'au moment où elles sortaient de la bouche d'un dirigeant. Advienne que pourra, et qu'il avale sa langue! Mais quoi? On ne peut continuer à abuser de la crédulité du peuple!

A peine avais-je fini la rédaction du discours que le président du syndicat entra. C'était un homme gros et chauve, bien nourri, et l'air condescendant, comme d'autres membres de la *nomenclature* qui avaient les dents longues...

— Je dois présenter un compte-rendu concernant les économies de combustible. Est-ce que vous pouvez me le rédiger? commença-t-il.

— Qui pourrait le faire mieux que vous? répondis-je. Vous avez été mécanicien de locomotives pendant vingt ans et vous voilà instructeur-mécanicien.

— Vous êtes professeur et journaliste, votre monographie a été appréciée par le camarade ministre et par la revue *La Flamme*. Nous savons tous que votre place n'est pas dans un dépôt de locomotives, essaya-t-il de me flagorner. Votre tour viendra un jour, ajouta-t-il. Rédigez mon compte-rendu et vous aurez une bonne prime de la part du syndicat...

— Gardez pour vous, camarade président, cette plaisanterie. Je n'aime pas l'hypocrisie. Les poches où tombent les primes ne sont pas les miennes.

— Que Dieu nous en préserve! Cette fois-ci, je le jure sur la tête de ma mère. Merci d'avance.

— Votre compte-rendu sera prêt à midi.

Pour ce faire, je dus prendre mon repas à la cantine: un potage aigre et incolore où nageaient quelques rares haricots, suivi d'un ragoût de pommes de terre et de lard rance, du pain noir et dur. Et on devait payer pour ça! Cela m'incita à songer qu'on devrait faire une réclamation à l'administration des cantines, et qu'il faudrait encore me disputer avec le gros responsable que tous craignaient, sauf moi. Je me battais à belles dents contre ce camarade agressif et arrogant.

Voilà un an, de sévères remarques, de ma part, au sujet de la cantine avaient amélioré l'ordinaire des cheminots. Puis la critique avait été oubliée, les vols du personnel avaient repris et la qualité de la nourriture s'était à nouveau dégradée. On avait bien envoyé des délégués en inspection, mais ils s'arrangeaient entre eux, atténuaient leurs remarques et, en échange, repartaient chargés de cadeaux.

Le repas terminé, je me heurtai au directeur du service administratif.

— Le rédacteur en chef te cherche depuis une heure, professeur! Qu'est-ce que tu as encore écrit? As-tu offensé quelqu'un haut placé? Prends garde!

— Je n'ai offensé personne, répondis-je.

— Sait-on jamais! Cette fois-ci, mon vieux, tu vas te casser le cou. Tu as offensé deux activistes soutenus par le Bureau exécutif du Comité central. Tu ne veux pas comprendre le dicton «la tête qui se courbe n'est jamais touchée»...

— Mais «la chaîne l'humilie», rétorquai-je. Allons, Ion, on a travaillé ensemble à la chaudronnerie. Tu n'aurais pas le courage de me vendre à la *Securitate*[1], bien que le double-jeu devient un trait de certains cheminots... La patience du peuple roumain est souvent synonyme de lâcheté, c'est son drame. La Pologne se réveille. Qui sait? Un jour, on aura une réaction en chaîne, comme dans un réacteur atomique. C'est un changement en profondeur qui pourrait sauver le système.

— Ah! professeur, je t'avertis. Tu ne mourras pas dans ton lit. Tu vas trop loin. On va t'aiguiller sur une voie de garage...

— Personne n'est immortel, répliquai-je, même s'il me semble que j'ai vécu plusieurs vies. Dans la dernière, j'étais un philosophe allemand.

— Voyons, finis-en, professeur!

— Je ne veux plus vivre dans la fange!

— Tu sais à quoi t'en tenir. C'est ton choix...

— Je sais de quel bois je me chauffe!

Je me donnai de l'air en allant reprendre ma bicyclette et je filai comme un aigle blessé vers le centre-ville. Rien ne m'accablait plus que ces rappels à l'ordre, ces menaces. C'était une torture affective implacable qui m'acculait de plus en plus au désespoir.

L'article incriminé avait paru à la une. Je critiquais les abus du maire et du secrétaire du Comité communal du Parti, du président de la coopérative agricole et d'autres dirigeants de Criseni, localité agro-industrielle tant aimée par le secrétaire-général Nicolae Ceauşescu.

Le nouveau secrétaire régional du Parti avait constaté l'état désastreux de l'agriculture et de l'industrie, et autorisé la critique contre n'importe qui.

---

[1] La police secrète, conçue d'après le K.G.B.

11

Tiens, tiens, j'attendais depuis un siècle cette permission. Ça valait la peine d'en profiter. J'avais une information pertinente au sujet de Criseni...

Tout d'abord, il fallait m'y rendre en train. Je savais y faire. En descendant comme un simple citoyen à la gare, personne ne devina qui j'étais. Ainsi je passai inaperçu et trompai la vigilance des gardiens de la coopérative agricole, comme un vrai *Cheval de Troie*.

La situation y était lamentable. La récolte de tomates fermentait pendant que les travailleurs agricoles jouaient aux cartes et buvaient de l'eau de vie à l'ombre d'un prunier; tout le monde se moquait du sort de la récolte...

Je pensais et je notai dans mon carnet: «Vive la liberté de ne rien faire: on va pleurer en ville pour les légumes qu'on perd».

Je continuai mon périple. Il en était de même des champs de maïs, envahis de mauvaises herbes plus hautes que les bonnes tiges, les feuilles jaunies. Il semblait impossible d'en tirer parti. On avait bien reçu des herbicides, mais ils avaient été employés à des fins personnelles, pour les cultures privées, sur la rive gauche de la rivière Cris. Là, j'avais vu des cultures de maïs superbes.

Un mois après la moisson, les champs de blé étaient verts. Le mauvais réglage des moissonneuses-batteuses était évident, le grain perdu avait germé sur le sol.

J'aurais pu m'arrêter là, mais je notai encore le désordre et la malpropreté de la ferme zootechnique. Tout s'ajoutait à tout. Peu de foin rentré et les meules s'entassaient dans la pluie et le vent.

Le bétail affamé ne pouvait produire ni viande ni lait. La coopérative agricole était en perpétuel déficit. Et il y en avait des milliers comme elle.

Je persistai dans ma recherche, me heurtant à ceux qui profitaient largement du système. Parfois, les coopérateurs disaient la vérité. Moi, j'étais encore convaincu qu'on pouvait «guérir certaines maladies du socialisme». Il fallait commencer avec la paye des gens.

Mais les anciens *apparatchiks* essayaient de sauver leur peau. Ils étaient bien assis aux commandes, la lutte était disproportionnée. J'étais un simple pigiste au journal. Attaquer la *nomenclature* était un défi de taille. Ils pensaient m'acheter.

On organisait à Criseni des fêtes pour les visites de travail, quelle que soit l'importance du visiteur. Cela se passait dans un vieux château ayant appartenu à l'ancienne aristocratie. On camouflait ainsi les mauvais résultats en soudoyant les chefs de la région ou du Bureau politique du Comité central.

Alors que j'allais partir, le maire me proposa:

— Visitez donc le château. Vous avez pris connaissance de nos réalisations et surtout de nos insuffisances. Admirez maintenant nos rapports villageois. Vous êtes convié. Je vais venir vous prendre vers dix-neuf heures...

J'étais curieux de voir quel serait le prix de mon silence. En rentrant dans la grande salle du château, je fus ébloui.

Bon Dieu! Au milieu du dénuement général, il existait des privilégiés. Des tables chargées offraient aux invités abondance et raffinement, pendant qu'un orchestre de vingt musiciens trônait sur une estrade.

— S'agit-il d'un anniversaire? demandai-je.

— Mais non, c'est la fête habituelle des récoltes, surtout lorsqu'elles sont excellentes et, cette année, nous avons une très bonne récolte de prunes rouges pour faire de l'eau-de-vie. Nous nous détendons. Même Dieu, camarade Goldis, s'est reposé à la fin de son travail. Vous venez rarement dans la vallée du Cris, vous ne connaissez pas nos problèmes.

Le maire devenait volubile. «Tout le monde quitte la terre pour travailler à la mine d'or ou aux manufactures du village, me dit-il; seuls les vieux, les femmes et les enfants restent ici et les dirigeants se cassent la tête pour que la production agricole soit maintenue.»

— Dites donc, vous vous sentez coupable?

— Ce n'est pas facile, croyez-moi camarade! L'homme n'a qu'une vie, nous devons nous hâter de la rendre idéale sous le socialisme de notre beau pays roumain. N'est-il pas vrai? Certes, certes, la terre n'est pas extraordinaire, un sol pierreux qui convient aux vergers et non aux grains.

— C'est vrai, camarade Maire! Pourtant, à la fin de la seconde guerre mondiale, réfugié dans cette région lors des bombardements allemands, c'est la hauteur du maïs qui m'a sauvé la vie. Il est vrai qu'à l'époque, les paysans se levaient à l'aube et ne ménageaient pas l'engrais.

Le maire voulut changer de sujet de conversation.

— Le passé est le passé.

Puis il se retourna vers l'assemblée et il porta un toast en mon honneur. Tout le monde se leva. Cette eau-de-vie de vingt-cinq ans était inégalable. Faite de prunes rouges et de cerises sauvages, on la conservait dans des barriques de mûrier. Il était prudent de ne pas en boire plusieurs verres, la teneur en alcool, très élevée, produisait rapidement son effet. Je vidai discrètement quelques verres par terre, et cependant, l'estomac vide, je me chauffais. J'entendis la voix du maire:

— Ça va? En forme?

— Parfaitement, c'est paradisiaque, camarade Maire.

— Vous exagérez, camarade Goldis. Nous vous offrons notre modeste hospitalité.

— Non, non, je suis plutôt pessimiste de nature, je me sens regaillardi... Votre eau-de-vie me rappelle le nectar des dieux.

— Il en est de même pour le rédacteur en chef. Il visite fréquemment Criseni et il dit que les repas qu'il y prend avec nous le rajeunissent. Vous savez, camarade Goldis, votre chef n'aime ni les indiscrétions, ni les indiscrets. Vous êtes venu incognito et il nous a fallu plusieurs heures avant de vous dépister...

L'orchestre débuta par la *Perinitza*. Un grand cercle se forma et tout le monde se mit à danser. Une jeune femme vint chercher le président de production de la coopérative agricole; une autre se dirigea vers moi, m'attrapa avec un mouchoir blanc, m'attira dans le cercle et me donna un long baiser.

En fait, chacun faisait ma cour. On avait pêché pour moi un poisson de cinquante kilos que j'allais déguster. Tout ce qui était interdit — pêche aux truites, chasse — était permis en mon honneur...

En échange de promesses de bois de chauffage, d'eau-de-vie à volonté, de poisson en quantité, on me demandait le silence. Un point, c'est tout.

Je n'étais pas à vendre, mais je promis de me taire pour cette fois. Je n'avais jamais assisté à un pareil banquet. Les danseuses s'offraient à moi, la fête battait son plein. Même si je ne suis pas un danseur de taille, je dansai toute la soirée et je ne me retirai qu'après le dernier accord. Les souvenirs de ma jeunesse me bombardaient comme une pluie cosmique. Telle fille ressemblait à Diana, telle autre ressemblait à Dora... J'étais vraiment embarrassé. Fallait-il pêcher ce soir?

A deux heures du matin commença une partie de football, une première mondiale! Un poulet cuit servait de ballon; il était prévu que le match se terminerait quand douze poulets auraient été déchiquetés. Le maire arbitrait...

Pour achever la soirée, une surprise: les jeunes filles et jeunes femmes du pays, presque nues, montèrent sur les tables. On baissa l'éclairage, on se jeta de la boisson au visage, les hommes, pris de frénésie, transpiraient. Je ne faisais pas exception. Ce fut le signal de l'orgie, de la débauche absolue. J'étais en train d'entrer dans la partie. Il me fallut un effort extraordinaire pour que je ne tombe pas dans le péché. C'est la mairesse qui me voulait à tout prix. Voulait-elle faucher l'herbe sous mes pieds, ou étais-je bien un homme qui pouvait encore plaire aux femmes?

La découverte de cette décadence me troubla profondément. Je réfléchissais au décalage entre cette morale prolétaire mise à toutes les sauces et la sombre réalité. J'étais complètement dépassé par le changement de la *nomenclature*. Au début du socialisme, c'était tellement différent: on nous suivait à chaque pas; certains avaient perdu leurs fonctions à cause de déviations à la morale prolétaire. *O tempora, o mores...*

Le maire s'approcha de moi. Il me serra le bras droit amicalement:

— Nous savons vivre non? Que dites-vous de notre petite partie de plaisir? N'essayez pas de nous faire des ennuis. Tout est prévu, vous savez; quelques photos vous ramèneront à la sagesse. Votre femme pourrait les voir. Soyez sage, camarade Goldis.

Le maire glissa, ivre mort, sous la table. En dehors des garçons du restaurant, tout le monde était ivre. En tout cas, j'étais horriblement troublé et révolté. Voilà ceux qui conduisaient le peuple, le pays! La coupe était pleine et j'accusai le coup.

Je bus toute une bouteille d'eau minérale pour reprendre mes esprits et je payai de force mes consommations au garçon, ébahi.

Sur ce, je sortis dehors, je respirai l'air pur en regardant la Grande Ourse. Puis je filai par le premier train et je regagnai la capitale de la région. J'avais hâte de rédiger une série de reportages sur Criseni.

Mon premier article s'intitulait «Mauvais administrateurs» et il eut un grand rebondissement dans la région. Le jour même, à midi, le secteur de la presse du Comité central en prit connaissance.

Le rédacteur en chef, Craciun Bontulescu, qui dirigeait *L'usine et la terre,* fut reconnu coupable d'avoir laissé passer mon article et les amis du maire menacèrent de le remplacer. C'est dans cette ambiance tendue que j'arrivai à la rédaction.

On m'introduisit dans le bureau du rédacteur en chef, glacial. Il arpentait la pièce sans dire un mot. Soudainement, me foudroyant du regard, il éclata:

— Pourquoi ce mauvais tour, camarade Goldis? Pourquoi êtes-vous allé à Criseni? Ignorez-vous les accointances du maire et du président de la coopérative agricole avec le Comité central? Criseni, c'est la capitale de l'eau-de-vie! C'est la meilleure au monde! C'est là que le Comité central s'approvisionne chaque semaine...

— La vérité n'a qu'un visage, et vous nous avez demandé d'écrire la vérité. Je ne peux revenir là-dessus, c'est une question de conscience personnelle, répliquai-je.

— Bien entendu! Mais... il y des cas où...

— La vérité ne peut se dire?

— Il en est ainsi en tout temps.

— J'ai toujours détesté le mensonge. Est-ce que je dois être le bouc-émissaire pour les abus des autres?

— Naturellement. Vous avez frappé comme un sourd. J'ai ma part des blâmes. A cet effet, le comité de la rédaction a pris une décision.

— Laquelle?

— Je vous la lis: «Considérant que vous n'êtes pas engagé comme salarié à temps plein à *L'usine et la terre*, et, qu'en qualité de collaborateur externe, vous avez outrepassé vos attributions en portant des accusations publiques sur quelques membres actifs du Parti et de l'Etat, par conséquent, on a décidé de vous enlever à jamais la permission d'écrire à la presse du Parti! Notre décision sera suivie par tous les journaux et postes de radio dont vous êtes collaborateur»...

C'était la suprême sanction. Je sentis monter en moi une révolte irrépressible. Je me levai, les poings serrés, mais je maîtrisai ma rage, ayant peur d'être mis au frais ou dans un hôpital réservé aux fous. En me calmant, je dis au rédacteur en chef:

— Cela veut dire que c'est la «récompense» de presque vingt ans de collaboration? J'écrivais de bon cœur pour un salaire de misère sans ménager ma peine. Vous avez coupé mon chemin et je vous remercie de votre gratitude. Cette leçon me servira. Vous êtes un homme sans vergogne et sans principes.

— Sortez, prophète de malheur! Vous êtes déjà «débarqué», s'énerva le rédacteur en chef.

— Que le diable vous patafiole! dis-je en sortant de l'élégant bureau du rédacteur en chef.

C'est ainsi que je fus mis à l'écart. Je croyais être, pourtant, un homme d'exception, un révolutionnaire-né; avoir une faculté d'invention, et pouvoir tracer d'un trait d'éclair l'édifice d'une société vraiment démocratique. Je me serais volontiers consacré au bien du peuple à n'importe quelle autre époque de l'histoire. Je savais être,

16

parmi quelques Roumains, capable de saisir un fouet garni de balles de plomb pour fouetter impitoyablement les dirigeants politiques qui remplissaient jusqu'au bord «le nouveau temple» de l'Etat. J'avais l'esprit traversé par une foule de conceptions. Tout était associé à une vive sensibilité.

Je passai ma vie en revue. C'était le moment du bilan. Devant mes yeux se succédèrent hommes et lieux, batailles et défaites, parfois victoires et joies. Chaque fois qu'on m'avait considéré vaincu, j'avais su me relever. J'ajoutais à une puissance de travail une volonté de réussite.

Un objet, un cahier avec sa couverture poussiéreuse, quelques photos jaunies, une fleur qui porte le nom d'une fille et qui touche mon odorat ou un souvenir caché dans un coin mystérieux de ma mémoire faisaient naître sous ma plume des pages et des pages d'un livre, comme une cuvée de raisins muscadet qui fermente à la fin d'octobre. Ecrire, c'était ma plus grande et ma plus constante passion. Je me fichais de ceux qui m'avaient interdit de m'exprimer. Chaque victoire commence par un rêve...

J'avais juste seize ans quand je m'étais rendu compte pour la première fois de la nouvelle tragédie du peuple roumain. Staline remplaçait Hilter comme un ange libérateur.

Il n'était pas léger le joug ottoman, il n'était pas léger le joug allemand. Mais celui de Staline était de jour en jour plus lourd, plus dur, plus effrayant. Chaque nouvelle journée qui passait faisait monter en moi une révolte immense, une flamme qui brûlait mon jeune corps.

Mes premiers vers naquirent de larmes et de douleurs, à cause des contributions que les paysans donnaient au peuple soviétique, soi-disant «libérateur».

Mon grand-père Ion était revenu de la moisson avec des sacs vides! On lui avait pris toute la récolte de blé parce qu'il était... cossu! Ensuite, ce fut la sécheresse qui mit à feu et à sang le pays; et aussi le pain et les aliments rationnés, les dettes sans fin, la mort semée partout, les arrestations arbitraires, et la présence de l'armée rouge qui nous coûtait trop cher.

Dans ce temps-là, j'eus l'idée de graver quelques vers, avec mon canif, sur le dos d'un banc du grand parc de ma ville. Puis je me suis caché derrière un buisson en attendant de voir l'effet que cela produirait sur les gens.

Un homme s'approcha, lut, les yeux pleins d'épouvante, et se sauva comme un fou, jetant de temps en temps un coup d'œil derrière.

L'écriture, à mon avis, c'était la pensée, c'était l'arme absolue.

Trente ans se sont écoulés! Je me souviens avec plaisir de ces premiers vers qui avaient causé tant de soucis au Comité régional du Parti et à la *Securitate*:

> Staline t'exploite, pauvre Roumain!
> Il te prend même ton dernier pain
> Tu es vendu, oh, adieux!
> Au sauvage sans Dieu...

On rechercha le coupable, il y eut plusieurs arrestations. Les interrogatoires à la mode soviétique ne donnèrent aucun résultat. J'avais entendu dire qu'un présumé coupable avait été torturé, sauvagement battu enfermé dans un sac pour éviter les blessures extérieures, car cela ne laissait que des lésions internes. Toutes les recherches furent vaines.

J'étais devenu récemment membre de la Jeunesse ouvrière de l'organisation de l'Ecole technique. On m'avait inscrit d'office. J'avais protesté longuement.

— Abandonne ta colère, m'avait conseillé le secrétaire de l'organisation. C'est ici ta place. Toute autre organisation de la jeunesse n'existe plus...

Je fus convié à une séance d'instruction idéologique. La séance débuta par une condamnation sans indulgence du réactionnaire abominable qui avait écrit, sur un banc public, un pamphlet en vers contre *le père des peuples*, Joseph Vissarionovitch Staline. Je me délectais discrètement, ayant peur en même temps que quelqu'un regarde mes yeux. J'étais rouge comme un poisson tropical.

Le premier secrétaire, Ion Baba, fit un long discours, n'en finissant pas d'insulter les réactionnaires et de glorifier la grande, l'unique, la splendide révolution prolétarienne roumaine sous l'influence de l'Union Soviétique et du grand timonier Joseph Vissarionovitch Staline.

Vraiment je n'espérais pas un tel succès. Mais, quand même, j'avais honte à cause des arrestations et des interrogatoires que j'avais provoqués. Peut-être était-ce là la rançon de ma lutte!

— Vive Joseph Vissarionovitch Staline, cria un officier de la *Securitate* en état d'extase.

C'est alors que, comme mus par un ressort, comme des poupées mécaniques, tous les participants de cette séance se levèrent et commencèrent à applaudir et à crier d'une seule voix: «Staline! Staline! Staline!».

Puis: «Staline et le peuple russe nous ont donné la liberté». Ensuite: «Staline et Gheorghe Gheorghiu-Dej vont chasser la bourgeoisie». Quant à moi, je n'avais pas le choix: je dus «m'aligner» à la foule.

Sur un signe du premier secrétaire, tout le monde s'assit, mais ce qui rongeait les dirigeants, c'était les vers sur le banc public.

— Ce poème infâme, reprit Ion Baba, dit que son Généralissime exploite notre peuple, qu'il nous prend notre dernier morceau de pain, notre pétrole, notre uranium, nos forêts, qu'il nous prépare les kolkhozes et les camps de concentration.

— Ce sont des mensonges, cria une voix.

— Vous avez raison, camarade Ciurariu!

— Je suis vigilant, camarade Premier secrétaire.

«Que le diable te patafiole, camarade tsigane!» pensai-je au fond de mon cœur.

Je me rendais compte que je glissais sur une mauvaise pente et je vécus une crise douloureuse. Mais, en arrivant à l'école, je vis mes camarades vraiment enchantés de leur première participation à une séance idéologique. Pour l'instant, je devais vendre mon âme au diable.

Je pensais que la Roumanie d'après-guerre aurait pu être une république démocratique. La monarchie ne m'impressionnait plus, bien que j'aie eu les larmes aux yeux lors de l'abdication du roi Michel Ier.

J'avais pris connaissance de la doctrine socialiste durant ma première année d'école technique au centre scolaire Paltinis. Cela m'avait d'abord paru comme un beau conte, inspiré de quelques récits légendaires entendus dans mon enfance, là où les domestiques étaient les égaux des rois et des seigneurs, et où règnaient la justice sociale et la démocratie.

Quant au *fantôme* du communisme qui planait sur l'Europe, il m'apparaissait dangereux. J'avais un mauvais pressentiment. Comme j'étais d'origine campagnarde, je me demandais si le *spectre* de Marx n'était pas un proche parent de ce fantôme roumain qui suçait le lait des vaches pendant les nuits de la Saint-Georges.

— Va dans la forêt et cherche des rosiers sauvages, me disait ma mère. On va les mettre aux fenêtres de l'étable pour que le fantôme ne puisse y entrer.

J'attendais son arrivée jusqu'à minuit. Puis je m'endormais. En me réveillant, je demandais à ma mère:

— Est-ce que le fantôme nous a visité?

— Non, mon cher enfant. Il s'est enfui à cause de tes rosiers.

A la fin de l'Ecole technique, on m'attribua un poste de technicien au dépôt de locomotives de la ville de Caransebes. C'était mon premier départ de la maison. Me voilà salarié, avec un emploi à vie.

Pendant quelques temps, je fus conquis par la beauté incontestable du paysage, par les rapides tumultueux de la rivière Timis, par les filles et par les parties de football.

Caransebes était une ville patriarcale célèbre pour sa prison, dans laquelle avait été emprisonné Gheorghe Gheorghiu-Dej. Un autre pôle d'attraction était le restaurant *L'arbre vert* où se produisait chaque soir le chanteur Ion Murgu, célèbre à l'époque.

Mais je n'avais pas les moyens d'entrer dans ce cabaret. Les salaires étaient au plus bas, le mien me permettait juste de survivre. On mangeait toujours à midi à la cantine du dépôt. Un camarade m'avait demandé de pointer pour lui le matin parce qu'il venait de la campagne et qu'il était toujours en retard. Pour me remercier, il me donnait un morceau de fromage de brebis et un peu de polenta, ce qui améliorait mon ordinaire. C'était le soir que je mangeais presque rien. Sauf quand ma mère m'envoyait un colis plein de bonnes choses...

Je n'allais au cinéma qu'une seule fois par mois. La vie était sans joie. Je commençais à m'ennuyer de chez moi. Que faire? Un jour, je me suis trouvé face à face avec le secrétaire de la Jeunesse ouvrière de la ville.

— Quel bon vent t'emmène chez nous, camarade Goldis?

— Je voudrais faire plus que mon travail et mes lectures. Je m'ennuie beaucoup.

— Veux-tu essayer d'écrire dans le journal local? me proposa-t-il.

— D'accord, mais ai-je bien le talent, la vocation? répondis-je.

— A l'étape actuelle de notre révolution socialiste, le talent est secondaire. Il faut que les mots cognent pour assurer l'édification du socialisme, c'est tout. Je vais t'aider en te prêtant un livre écrit par Lénine au sujet de la presse.

Comment y parvenir? me demandai-je. J'aimerais faire une bonne impression...

Le premier article que j'écrivis pour le journal *La Flamme rouge* réservait une grande surprise aux collègues de la rédaction. Je parlais avec tant de chaleur et tant de spontanéité d'un mécanicien de locomotive que la rédaction le publia sans le modifier. Le mécanicien avait réussi à parcourir deux cent quarante mille kilomètres avec sa locomotive sans avoir recours à la réparation générale planifiée. Le titre de l'article était vraiment accrocheur: «Sept fois le tour de la terre sur une locomotive».

La rédaction du journal *La Flamme rouge* décida de concevoir un cours de formation en journalisme. On voulait que ses collaborateurs deviennent de vrais professionnels.

Je m'étais inscrit dès les premiers jours. Que de nouvelles choses apprises chaque jour! Je me familiarisais avec le lexique journalistique: agate, amorce, appel de note, attaque, billet, calibrage, capitale, chronique, colonne, communiqué, cotation, gras, heure de tombée, italique, légende, nouvelle, reportage, la une et d'autres mots s'ajoutaient à mon vocabulaire d'élève-journaliste.

Grâce à mes riches lectures, je me démarquais des autres participants au cours. En passant à la pratique, c'était toujours moi qui écrivais les meilleurs reportages ou billets.

— Voilà un jeune journaliste dont la presse roumaine parlera après la guerre! disait le rédacteur en chef-adjoint.

Quant à moi, j'étais fou de plaisir. Je me cachai derrière une collègue pour que le monde n'observe pas ma vive émotion. Ces quatre mois de cours furent ma seule formation en journalisme. Jamais je ne pus m'inscrire à la faculté de journalisme, créée peu après.

J'aurais eu la chance de travailler à temps plein dans la rédaction de Caransebes si une nouvelle réforme n'avait pas été entreprise, adoptant le schéma administratif soviétique. Le journal disparut bientôt et ses rédacteurs cherchèrent du travail ailleurs. Mes espoirs s'évanouirent. J'aimais tant écrire; l'écriture était devenue ma raison de vivre.

Ce fut la *Securitate* qui me proposa un emploi comme officier!

— Nous avons apprécié vos articles et vos reportages dans l'ancien journal *La Flamme rouge*, avait commencé le commandant en chef de la ville. A notre avis, avec les références obtenues au dépôt de locomotives, vous pouvez travailler dans notre service d'investigation. Vous gagnerez beaucoup plus qu'au dépôt, vous recevrez un bel uniforme et d'autres avantages. Est-ce que vous êtes d'accord?

— Je vous prie de m'accorder quelques jours de réflexion, répondis-je encore sous l'effet de la surprise.

— Pourquoi pas? Mais je suis déjà sûr que vous accepterez notre proposition.

Malgré la situation précaire dans laquelle je me trouvais à l'époque, je ne voulais pas répondre dans l'affirmative à la proposition du commandant de la *Securitate*.

En premier lieu, j'étais un être sensible et doux. Dès mon enfance, j'étais contre toute violence. C'était ma sœur Marie qui montait sur une chaise pour me donner quelques taloches. Quant à moi, le frère aîné, je riais du fond du cœur.

En second lieu, l'image de la *Securitate* était déjà bien ternie dans les années 50. Je n'avais pas oublié comment elle avait réagi lors de ma première aventure poétique.

En troisième lieu, advenant que j'accepte d'être embauché à la *Securitate*, j'aurais l'obligation d'enquêter et de torturer les *ennemis du peuple roumain*, de chasser les derniers partisans qui luttaient contre le communisme dans les montagnes de Caras. Un tout jeune officier était mort dans une embuscade, plusieurs autres avaient été blessés.

Trois jours après, je me retrouvai dans le bureau du commandant de la *Securitate*.

— Quoi de neuf? m'accueillit-il.

— J'accepte votre proposition, j'en suis honoré, répondis-je.

— Et bien! Nous en sommes heureux. Il nous manque d'intellectuels.

— Est-ce que le passé politique de ma famille vous intéresse?

— C'est une chose capitale...

— Mon père a été exclu du Parti et mon grand-père a travaillé quinze ans en Amérique.

— C'est dommage que vous soyez dans cette situation embarrassante. Nous sommes le bras droit du Parti. En tant que commandant, je n'ai pas la permission de faire de concession. C'est le dossier qui est primordial, bien que j'aie une certaine préférence pour vous. Peut-être plus tard, une autre fois...

Dieu est infini, me dis-je en sortant de la *Securitate*. Au fond, je me retrouvais devant une assiette vide dans ma chambre. Il me restait un petit morceau de pain noir pour ce soir-là. Je l'ai mâché en silence en pensant comment se régalaient les officiers de la *Securitate* au restaurant *L'arbre vert*. J'étais un peu jaloux. Par contre, je n'étais pas à vendre. A vrai dire, mon père n'avait jamais été inscrit dans le Parti. Il m'avait fallu ce mensonge à tout prix.

Le 5 mars 1953, une nouvelle fabuleuse fit le tour du monde: *Iossif Vissarionovitch Djougachvili Staline est mort!*

J'écoutai la nouvelle à la radio avec grand soulagement. Puis je me dirigeai vers le centre-ville pour acheter tous les journaux... Une photo en première page montrait le grand maître du prolétariat étendu sur un catafalque somptueux, revêtu de son uniforme militaire. Autour de lui, les camarades habituels, les héritiers.

Ça y est, pensai-je, justice est faite. Avec lui commençait et finissait le monde. Voilà la fin de l'incarnation de la bonté humaine, du symbole de la réussite du communisme. Que Dieu l'envoie dans l'inferme pour le mal qu'il nous a fait! Que son nom soit maudit jusqu'à la fin du monde!

Ce même après-midi, alors que je me trouvais au meeting dédié à la mémoire de Staline, je reçus un ordre de convocation à l'école militaire. Je ne pouvais plus refuser: c'était l'armée. A cause de Gheorghe Gheorghiu-Dej, tous les *recruteurs* du socialisme se dirigeaient vers le chemin de fer. Ils voulaient faire plaisir au secrétaire général du Parti en choisissant des *cadres nouveaux* de son ancienne entreprise où il avait travaillé comme électricien.

Quant à moi, j'aimais trop la liberté et je ne souhaitais pas passer toute ma vie sous les ordres de mes supérieurs. Comme futur officier d'artillerie, j'aurais eu à apprendre à maîtriser l'armement moderne pour être prêt en cas d'une attaque impérialiste.

A tout prendre, j'aurais préféré la marine. Cela aurait mieux convenu à mon esprit d'aventure, à ma nature rêveuse. J'aurais aimé devenir capitaine et affronter les vagues avec mon navire; j'aurais aimé être attendu au retour d'une longue croisière par la fille aimée. La mer m'enchantait depuis toujours. Je rêvais de m'installer un jour dans une île paradisiaque où l'eau aurait la couleur turquoise et où le soleil brillerait chaque jour.

— J'aimerais voir le monde, que je disais à mon père Nutsu.

— Très bien! Attend d'être grand, me répondait-il. Tu ressembles de plus en plus à ton grand-père. Il regrette à tout jamais son Amérique.

Ce n'était pas par hasard si mes lectures étaient, en grande partie, constituées de livres relatant des voyages sur les mers et les océans: Robinson Crusœ et le capitaine Nemo étaient mes héros préférés.

Au début, j'aimais beaucoup la vie d'élève-officier; la grande école, l'armement moderne, l'élégant uniforme, la bonne nourriture, la ville de Sibiu située sur le Cibin et baignée de verdure.

J'estimais mes collègues, les commandants et mes professeurs. Autrement dit, je vivais à l'heure des changements rapides, dans un environnement vraiment différent.

Le premier enjeu, c'était une formation professionnelle de haute qualité. On se tournait vers les anciennes traditions des écoles militaires roumaines...

Je me voyais déjà, deux ans plus tard, m'en retournant à la maison, vêtu d'un bel uniforme. Que de belles filles me regarderaient en disant: «Tiens, tiens, comment s'appelle-t-il ce beau jeune officier, d'où vient-il?»

«Mais, c'est Georges Goldis» remarquerait une amie d'enfance.

A dix-neuf ans, tous les rêves sont permis. J'étais un *spatial*. Hélas, si dans la vie militaire tout avait été théorique, j'aurais toujours été parmi les élèves d'élite. J'étais capable de refaire sur papier n'importe quel plan de bataille où l'armée roumaine avait obtenu une victoire décisive.

Par contre, les heures d'éducation physique étaient mon *tendon d'Achille*. Chaque jour, l'instruction devenait plus ardue et je faisais de plus en plus d'erreurs. Un complexe d'infériorité s'installa en moi et je me rendis compte que je ne serais jamais un officier de classe, comme le prétendait la tradition. Mon commandant, un officier formé à la vieille école, était d'une exigence prussienne. Il ne pouvait comprendre qu'un élève, qui étonnait ses professeurs civils et militaires par son intelligence, fût si maladroit pendant les heures d'exercices physiques.

Or, je n'avais jamais été adepte de *médiocrité dorée*. Je ferais parti de l'élite, ou je ne serais nulle part.

Mes conflits avec mon commandant se multiplièrent en proportion géométrique. J'étais la *bête noire* de la compagnie d'artillerie. Tout cela se termina par ma mise aux arrêts pour deux jours. Après ma libération, je me jurai de faire tout, absolument tout, pour échapper à cette carrière qui limitait ma personnalité et pour laquelle je n'avais pas les qualités physiques adéquates.

— Je laisse ma place à un autre qui est plus doué que moi, reconnaissais-je. Ça n'a pas de sens d'être un officier de douzaine.

A la première visite médicale, j'accusai des douleurs épouvantables aux genoux lors des derniers exercices à Selimberg, non loin de Sibiu. Je trompai le médecin-officier et je fus classé inapte pour l'école militaire.

De ma carrière d'élève-officier, je n'ai gardé qu'un seul souvenir: une photographie jaunie que je regarde de temps en temps avec nostalgie. Que j'étais beau comme un dieu à cette époque!

Il aurait été normal que je sois libéré après le verdict médical. Mais l'armée, c'est toujours l'armée. Il fallait me punir parce que j'avais osé refuser de devenir officier dans l'armée populaire. Mes problèmes d'éducation physique étaient considérés comme des minauderies. Si c'était comme ça, je pouvais être utile dans un autre domaine. Alors je fus envoyé sur la frontière entre la Roumanie et la Yougoslavie.

A cette époque-là, les incidents de frontière se succédaient et se soldaient souvent par des blessés, et même des morts. Les Yougoslaves n'ont jamais été des voisins confortables pour les Roumains...

C'était la période pendant laquelle le président Tito avait été déclaré traître au socialisme et à la cause du prolétariat international. Je me rappelle d'un grand panneau à Timisoara sur lequel on avait fait une caricature du maréchal en boucher du peuple yougoslave: des gouttes de sang dégoulinaient de sa hache criminelle et on pouvait lire en grandes lettres sur le même panneau:

Tu auras le même destin, Tito,
Que le fasciste italien Benito[1]

«La main de Moscou» s'activait de tous les côtés, par tous les moyens. Ne fallait-il pas frapper le premier évadé de la communauté socialiste? C'était un exemple qui pouvait faire mal à la *cause*. Ainsi, on se trouvait entre le marteau et l'enclume.

Me voilà regrettant mon départ hâtif de l'école militaire. Pour l'instant, j'étais un gros perdant. Mon lot était maintenant une chaumière en lisière de la forêt, noire de moustiques, avec du pain noir

---

[1] Mussolini.

et de la viande en conserves. De l'aube à la nuit, je nettoyais des chevaux; on m'avait confié les plus rétifs et les plus sales.

«Ah! Monsieur l'ancien élève-officier, tu dois savoir ce qu'est la vraie vie militaire. Là-bas, c'était un salon d'aristocrates. Fini le Paradis. Vive l'Enfer et la Mort», se moquaient-ils de moi.

Je me disais qu'il ne manquait qu'une balle égarée. Je les entendais souvent frappant les arbres comme une bande de pics. La corvée et la terreur durèrent trois semaines. Je m'étais déjà habitué, et j'osais même approcher à quelques mètres de la terre yougoslave. Je regardais en silence les soldats yougoslaves, mains serrées sur leurs *automats*. Cette guerre non déclarée me semblait inhumaine, artificielle...

Un matin de septembre, le régiment de cavalerie fut convoqué dans le grand terrain, au milieu de la forêt. Il s'agissait d'un communiqué très important. Le colonel prit la parole:

— Le Ministère des forces armées a décidé de former de nouvelles unités militaires. Tous ceux qui désirent quitter notre régiment sont priés de sortir des rangs.

Personne n'osa sortir des rangs. La vie nous avait appris la prudence et la méfiance. Le colonel, qui s'en doutait, essaya de nous encourager.

— Je ne sais pas grand chose de la nouvelle unité. Tout pourrait évoluer maintenant que Staline est mort. Vous vous rendez compte? Depuis quelques jours, les Yougoslaves ne tirent plus... Allez, courage soldats!

Il y eut un remous. Nous nous regardions hésitants. Petit à petit, le régiment se divisa en deux. J'avais choisi la dite «nouvelle unité». Advienne que pourra. J'en avais marre de cet *Enfer vert*. Cela m'était égal. Est-ce que je faisais une nouvelle gaffe? Mais pourquoi nous réclamait-on nos armes et nos ceintures? C'était bizarre. Est-ce qu'ils nous préparent à être démobilisés? me demandais-je.

Nous étions partis pour une destination inconnue. On nous avait embarqués dans des wagons pour le transport de marchandises. Je m'endormis sur une pile de paille et je fis un beau rêve pendant mon sommeil. Je revoyais mon grand-père Mihai, ses bœufs blancs dans un chemin de campagne; une armée de souris envahissait la route; les bœufs affolés entraînaient le char dans une course éperdue, en sautant par-dessus le fossé qui bordait la route. J'ai eu l'impression que le char se fendait en deux. Je me réveillai en sursaut.

— Le train 2036 de Semeria en direction de Teius part dans deux minutes, deuxième voie, premier quai...

37

Ça y est, je savais où j'allais!

— Camarades, je vais vous dire où nous allons et ce que nous allons y faire. Nous serons simplement des militaires-constructeurs. On échange nos armes pour des bêches. J'ai un cousin qui est à Hunedoara, annonçai-je.

Le mot «Hunedoara» circulait de wagon en wagon. Les soldats protestaient. Moi aussi. Peut-être plus que d'autres. On m'avait eu encore une fois.

A notre arrivée, nous fûmes impressionnés de l'accueil. On nous logea dans des baraquements neufs, non loin du château de la famille princière Huniade. Puis nous prîmes un bon repas dans une grande cantine.

Le lendemain nous fûmes répartis en plusieurs groupes de travail, selon les besoins du chantier.

C'était un chantier énorme; on travaillait sans relâche, dix heures par jour. Le soir, j'étais écrasé de fatigue et je me jetais tout habillé sur mon lit. J'allais de mal en pis. Avais-je une cervelle d'oiseau ou bien étais-je né dans une mauvaise constellation? Je cherchais vainement la bonne réponse.

On construisait de nouveaux hauts fourneaux, de nouvelles aciéries, un laminoir moderne, des établissements culturels et sanitaires, un grand stade et des salles de sports.

Malgré les efforts que je devais faire chaque jour, j'étais fier. Ces jours-là, j'étais optimiste et j'espérais que l'industrialisation socialiste puisse nous apporter, dans la qualité de vie, les changements tant désirés par le peuple roumain. J'aimais beaucoup me pavaner avec mes exploits sur le chantier de Hunedoara. Je me considérais comme un vrai bâtisseur de la nouvelle Hunedoara. Et j'en étais fier.

Le travail était dur, mais payé, et même bien payé. Et de plus, c'était une promotion pour mes collègues. De simples paysans qu'ils étaient, ils devenaient, à la fin de leur service militaire, ouvriers spécialisés en béton armé, maçons, plombiers ou sidérurgistes.

Après la paye, certains dépensaient leur argent en buvant et en se battant pour les filles, rares sur le site. Quant à moi, remarqué par les commandants, je fus promu adjoint-suppléant politique du régiment. On me remit un bel uniforme et je fus dispensé de travailler sur le chantier. J'avais des loisirs, je flânais en ville. C'est ainsi que je rencontrai une ancienne amie d'école, devenue une très belle fille aux yeux noirs. Ce fut le coup de foudre. Elle était caissière dans le cinématographe du centre-ville. Nous nous étions rencontrés à la fin du film, nous nous étions promenés sous les tilleuls en fleurs et, soudain, nous avions commencés à échanger de tendres baisers.

— Je suis fou de toi, lui avouai-je.

— *Me voici donc tremblante et seule devant toi*[1]. Je t'offre mon amour, ma douceur et beaucoup plus, me répliqua Mariette. Est-ce que tu veux me reconduire chez moi?

— Bien sûr, mon amour. Je t'aime beaucoup, dis-je en la serrant fortement contre moi.

Nous passâmes une nuit de rêve, inoubliable. Mariette avait un corps blanc comme l'ivoire et des seins ronds comme des coings à la fin d'octobre. Elle me serra doucement au moment où je la pénétrai. Quant à moi, j'eus une sensation de fusion éternelle.

Malheureusement, Mariette n'était pas libre. Un autre militaire-constructeur, un Moldave, un colosse jaloux, montait la garde. Un soir, au moment de quitter Mariette, je vis son ombre énorme, un couteau à la main, menaçant. Je n'eus que le temps de l'éviter. J'avais eu chaud. Je repris mon sang-froid. Je sortis mes cigarettes:

— Une cigarette, camarade?

Le militaire-constructeur moldave rangea son couteau et prit une cigarette d'une main tremblante.

— Si je vous revois, je vous coupe le cou!

— Pourtant, je connais Mariette depuis mon enfance. Mais je comprends: il n'y a pas place pour deux.

Le Moldave me tendit une main grande comme une pelle et je n'osai plus revoir Mariette, bien que je l'aie aimée encore longtemps.

Mes nouvelles et mes reportages sur la vie du militaire-constructeur parurent dans *Le Constructeur*, journal destiné particulièrement aux détachements de militaires travaillant sur les chantiers. Mes reportages étaient vivants, pleins de fraîcheur, parlant de faits qui se surpassaient en beauté. Je comparais mes héros aux constructeurs de la pyramide de Khéops ou de la grande muraille de Chine. Les héros restent des héros, peu importe le régime social sous lequel ils vivent.

A cause d'un mouvement des militaires-constructeurs, je fus transféré sur un petit chantier. Je travaillai pendant l'hiver sur le chantier de la cokerie. Il faisait très froid. Mes mains gelaient sur la bêche. J'étais

---

[1]Voir Racine, Esther, acte I, scène IV.

39

vraiment déçu de la tournure des événements. Mais au printemps, quelle joie! Je fus nommé rédacteur en chef de la station de radiodiffusion locale.

Dès lors, mes journées furent employées à parcourir les chantiers de Calan, à visiter l'usine sidérurgique à la recherche de *héros militaires-constructeurs*.

En été, je me permettais de prendre un bain dans l'eau froide et rapide de la rivière Strei. Alors mes pensées remontaient vers l'époque du brave roi dace Décébale, qui avait osé défier le plus grand empire de l'antiquité, l'empire romain. Cette vallée du Strei avait souvent été un champ de bataille contre les légions romaines, comme on en voit encore sur la colonne trajane, élevée à Rome il y a 1800 ans.

Quelquefois, je plongeais au fond de la rivière. Durant un instant, j'examinais le sable et les petites pierres. J'en ramenais une comme un trophée précieux. J'imaginais que j'étais en train de découvrir le fameux trésor du roi Décébale. On prétendait que ce dernier l'avait enfoui quelque part dans le lit rocailleux de la rivière. Les Romains avaient emporté quand même à Rome des quantités importantes d'or et d'argent, après la deuxième guerre contre les Daces, de 105 à 106 après Jésus-Christ.

Quoi qu'il en soit, le fameux trésor du roi Dace n'a jamais été découvert. Selon la légende, Décébale aurait dévié la rivière Strei, y aurait caché son inestimable trésor, le mettant à l'abri millénaire des eaux...

L'esprit critique m'habitait toujours. Les abus administratifs, le gaspillage, l'arbitraire, le vol, l'égoïsme, c'est ce que je racontais dans mes émissions radiophoniques quotidiennes. On me félicitait pour mon courage, mais en cachette. Mes camarades me soutenaient, me respectaient, des citoyens venaient avec des suggestions, des réclamations. J'étais devenu leur défenseur, le défenseur de ceux qui se taisaient.

Malgré tous les avertissements, je m'imaginais que je pouvais critiquer n'importe qui. D'autre part, je savais que la critique était la seule arme efficace contre les erreurs dans l'édification de la nouvelle société socialiste. J'étais sûr que ces déficiences empêchaient le peuple roumain de vivre comme il le méritait après les sacrifices qu'il avait faits.

Même le directeur Olteanu Joseph de l'usine *Victoria* avait tenu compte de mes *flèches* et avait parfois redressé la barre. Il ne lui était pas venu en tête que j'oserais, un beau jour, m'attaquer à sa propre personne. Je fus appelé, un après-midi, au Comité du Parti de la ville. Je fus reçu par le premier secrétaire.

— Le directeur Olteanu a commis plusieurs abus administratifs, commença par dire le premier secrétaire. A quatre occasions, il a reçu des pots-de-vin en embauchant ses préférés comme surveillants ou comme chefs d'équipe à la fonderie. En plus, à la dernière distribution des prix, il a favorisé ses parents et amis, en leur accordant une ristourne en argent presque double. Enfin, quelques sommes du *fond de la direction* ont été déboursées pour organiser une excursion avec ses amis à la *Sarmissegetusa Romaine*[1].

— Je suis un joueur d'attaque et je me fous de la peur des autres, répondis-je, bien que j'eusse un mauvais pressentiment. La vie n'est qu'un jeu de conflits, de querelles et d'abus de la part de certaines gens montées au pouvoir. Je fais mon devoir...

— Nous complétons nos renseignements, continua le premier secrétaire du Parti de la ville. Les médias doivent jouer un rôle primordial dans notre société, même si le pluralisme a été mis de côté pour cette étape de notre révolution socialiste.

— Tant mieux. Une riche documentation assure la moitié d'un article. Le reste n'est que travail acharné...

Je repris le chemin de la station de radiodiffusion. Il fallait que je finisse le programme pour la soirée.

A dix-huit heures, au moment où je commençais mon émission quotidienne, tout le monde rentrait chez soi. Les rues et les magasins se vidaient. C'était avant la naissance de la télévision en Roumanie.

— Ici la station de radiodiffusion Calan! Bonsoir chers auditeurs! C'est Georges Goldis qui vous parle, disais-je devant le micro.

On me disait que c'était la voix la plus attendue. Une jeune fille m'avait même baptisé «monsieur la poésie», suite à la retransmission de quelques poésies originales. Je me réjouissais du statut de vedette locale. Je dois reconnaître du haut de ma chaire que cette popularité me faisait plaisir.

Le lendemain soir, à la même heure, je commençai ainsi:

— Pour l'émission d'aujourd'hui, nous vous réservons une très grande surprise: la chronique «Un directeur hors-jeu»!

---

[1] La capitale de *Dacia Felix*, après l'intégration à l'empire romain.

Mon émission était si blessante et si bien écrite qu'elle meurtrissait à dessein. «Un directeur hors-jeu» fut un succès total. Plusieurs coups de téléphone, venus des quatre coins de la ville, me transmettaient de chaleureuses félicitations.

Le lendemain, l'événement était le sujet de conversations dans toutes les rues de la ville, sur les chantiers de construction, et même à l'usine *Victoria*.

— Enfin, me dit un contremaître, il y a un homme qui n'a pas eu peur de dire la vérité et qui ne tient compte de personne. Notre directeur s'était imaginé qu'il était un *extra-terrestre*, et donc infaillible. Je vous félicite, monsieur Goldis.

La rage du directeur Olteanu ne connut pas de bornes.

— Il n'a pas dormi de la nuit, il a bu presqu'un litre d'eau-de-vie et il a fumé une quarantaine de cigarettes, me raconta sa secrétaire qui était chez lui hier soir. Il n'accepte pas la critique provenant du *bas vers le haut*, continua-t-elle.

Ainsi, durant trois ans, le directeur n'avait été dérangé par personne. Dès qu'arrivait un journaliste de Bucarest ou de Deva, il était invité à visiter la station thermale et son restaurant. Le fait que l'usine accomplissait toujours son plan de production (les militaires-constructeurs lui donnaient un gros coup de main), lui assurait l'auréole de directeur d'élite, abonné aux éloges intarissables. N'avait-il pas été décoré récemment de «L'ordre du travail de première classe»? C'est moi qui avais fait un beau reportage sur cet événement.

— Il va se venger contre vous, m'avertit sa secrétaire.

— Comment? demandai-je.

— C'est notre usine qui vous paye.

— C'est une décision du Comité du Parti.

— Il en était. «Qu'on cesse cette subvention!» a-t-il dit, après votre émission. «Les emplois non productifs sont des parasites dans la structure du travail. Le socialisme aspire à une très haute productivité, comparable à celle des pays avancés. Nous n'avons pas le droit de gaspiller l'argent du peuple. Que le camarade rédacteur en chef continue son travail après la fin du travail en usine, mais comme bénévole.» a-t-il conclu.

En tant que militaire-constructeur, je percevais une somme d'argent destinée à payer l'usure de mes habits, mes repas et mon hébergement. Cette somme, qui me faisait vivre, me permettait de m'occuper en exclusivité des problèmes de la station de radiodiffusion et d'y faire le travail.

Le directeur avait su comment faire mouche.

Le jour même, il informait le détachement que l'usine *Victoria* cessait de me payer.

Tout d'abord, je fus envoyé, le lendemain, sur le lieu de travail le plus dur et le plus nocif de la fonderie: l'évacuation de la scorie provenant de la fonte. C'était une scorie verte et luisante qui ressemblait au jade et qui coupait comme un rasoir. A la fin de la journée, mes mains étaient en sang. Il est vrai que quelques personnes étaient venues pour me féliciter. Le secrétaire adjoint du Parti me conseilla de ne pas abandonner la lutte et d'écrire au Comité régional.

— Comment pouvez-vous imaginer que j'abandonne ce que j'ai si bien commencé? répliquai-je en essuyant mon front avec la manche de ma salopette (il faisait très chaud et je transpirais abondamment). La guerre vient à peine de commencer, continuai-je. Ce qui me préoccupe, c'est le problème de la documentation: je réponds de ce que j'écris et de ce que je transmets sur les ondes.

Les derniers mois de service militaire furent très durs pour moi. Les amis du directeur Olteanu m'avaient transféré d'une section à une autre, d'un chantier à un autre. J'étais envoyé, en général, sur les chantiers où commençait le bêchage manuel. Mais la station de radiodiffusion ne cessa pas ses émissions.

Je rédigeais mes articles et trouvais mes informations en prenant sur mes heures de sommeil. Vers minuit, le sommeil m'engourdissait et je laissais tomber ma tête sur mon bureau. Je m'endormais quelques minutes, puis je me réveillais, je me rinçais les yeux à l'eau froide. Dès lors, je pouvais rester éveillé jusqu'à l'aube.

— Ici la station de radiodiffusion Calan! Bonsoir, chers auditeurs! C'est Georges Goldis qui vous parle...

Les gens se mirent à m'aider. D'abord par des lettres anonymes, puis par des coups de téléphones discrets. Les abus de pouvoir et les excès administratifs du directeur étaient démasqués dans leur totalité.

Lorsqu'eut lieu l'enquête du Comité régional faisant suite à la demande d'un ouvrier battu par le directeur Olteanu, j'écrivis quatorze pages qui contenaient des vérités écrasantes. Elles avaient été décisives pour provoquer la chute du petit dictateur local. Il avait dit adieu à son bureau somptueux et silencieux. Il retourna dans l'anonymat d'où il était sorti un beau jour.

— 5 —

A partir de 1948, à cause de la disparition forcée et soudaine des partis historiques et de leurs journaux, le rôle des médias dans le processus politique et économique du pays avait changé totalement. L'activité journalistique *descendit* dans les usines, sur les chantiers et à la campagne. Les thèmes ouvriers étaient à l'ordre du jour.

Deva était la capitale de la région la plus industrialisée de la Roumanie: là se trouvaient la grande entreprise sidérurgique de Hunedoara, les mines de charbon de la vallée de Jiu, les mines de cuivre de Brad et Certej, les fabriques, de fourrures, de chaussures et de vêtements de Sebes-Alba, d'Orastie et d'Alba-Julia...

De plus, la région était un vrai sanctuaire pour le peuple roumain. Les deux *Sarmissegetusa*, anciennes capitales des deux Dacies[1], Alba-Julia et Hunedoara, Brad et Tebea au milieu de la Transylvanie, avaient de profondes résonances dans l'âme de tous les Roumains. C'est à Alba-Julia que Michel le Brave avait uni pour la première fois les trois principautés roumaines en un seul état. C'est à Alba-Julia où, le premier décembre 1918, avait été consacré l'union de la Transylvanie et du Banat avec la mère-patrie. C'était mon oncle, Vasile Goldis, qui avait lu la résolution historique.

Malgré les occupants venus des quatre vents, la Transylvanie demeure la terre la plus roumaine. Chaque mur, chaque cimetière, chaque montagne, chaque vallée parle de la souffrance d'un peuple bimillénaire, qui a lutté sans relâche pour garder son identité et sa merveilleuse langue.

Il y arrivait des journalistes de partout, certains avaient un réel talent et une longue expérience. Plusieurs avaient changé leurs styles, leurs thèmes pour se mettre au goût du jour. Tout ce monde passait par la rédaction du journal *La Voie du Socialisme*.

---

[1] Les deux Dacies — le royaume de l'époque de Décébale (Dacie libre) — la Dacie romaine après la guerre de 105-107 A.D.

J'en profitais et je me perfectionnais continuellement. Je m'engageais à fond dans le rythme dynamique du travail de la rédaction. Je cherchais à écrire un nouveau type de reportage et ça plaisait beaucoup aux gens ordinaires. J'étais devenu le reporter le plus recherché «à la une».

Je m'adaptais aussi à la vie bohème des journalistes. Ils étaient des gens gais pour qui ne se posait jamais le problème du confort. Ils s'étaient accommodés du socialisme. Les célibataires habitaient au sous-sol de la rédaction, bien qu'ils aient eu les moyens de se payer une chambre meublée. Quand il faisait froid, les chambres étaient chauffées avec les feuilles des communiqués *Agerpress*. Contrastant avec le magnifique désordre des chambres, les discussions sur le journalisme et la littérature étaient de haute qualité.

Mes collègues racontaient, avec un humour inégalable, leurs aventures dans les différents coins de la région. On y faisait souvent la lecture d'écrivains humoristiques. *Svejk*, de Jaroslav Hasek, était notre héros préféré. On riait de si bon cœur que l'être le plus triste au monde n'aurait pu s'empêcher de rire avec nous. Ce rire collectif, cet humour subtil, agissait comme un charme. Nous étions, peut-être, tous de la même nature, comme si nous étions nés de la même mère...

Il n'y avait aucune mesquinerie entre nous. La literie était mise en commun, les livres et les cigarettes aussi. Rien ne disparaissait, bien que les chambres ne fussent jamais barrées. Parfois, j'avais l'impression que nous étions une «secte chrétienne modernisée»; ou bien des communistes utopiques, sortis du livre de Marx.

Personne ne nous dérangeait, sinon un mouchard, Radu, qui exerçait un contrôle sur les célibataires au nom de l'organisation du Parti. Il n'avait jamais été capable d'écrire un seul reportage et il jalousait bassement les autres.

Aucun problème de nourriture. Tous mangeaient à la cantine du Parti. Les repas étaient préparés par un cuisinier expert. La qualité exceptionnelle de la nourriture m'avait déshabitué des repas médiocres. Un beau jour, j'ai eu un malaise après avoir mangé au centre administratif des mineurs de Ghelari, une petite ville près de Hunedoara. Le repas avait d'ailleurs fait l'objet de la critique générale. A mon retour je menai une grande enquête à la cantine des mineurs. Je fus très surpris de constater que les cuisiniers, en collaboration avec l'administration, volaient, comme dans un bois, les repas des mineurs. La nourriture volée était utilisée pour l'élevage des porcs qu'on vendait ensuite aux mineurs à l'occasion de Noël!

Le raid-enquête entraîna plusieurs destitutions et de sévères sanctions administratives. Quand je revins à Ghelari, je constatai, avec plaisir, une amélioration dans les repas des mineurs. Ces derniers me serrèrent la main et m'invitèrent à boire avec eux un verre d'eau-de-vie.

Il est vrai que les exigences, en ce qui concerne les cantines des ouvriers, étaient très réduites, les contrôles plutôt fortuits. Ici et là, on commençait à sentir la différence entre les dirigeants et les gens du peuple. Déjà se profilait la nouvelle bourgeoisie prolétaire.

Je me souviens des premières phrases de la révolution socialiste lorsque les agitateurs communistes disaient pendant les meetings:

— Chers prolétaires, les patrons Newman, Malaxa, n'ont pas plusieurs estomacs. Il faut qu'ils partent, qu'ils nous laissent leurs usines et leurs fabriques. On aura pour chacun de vous du pain et des roses...

Douze ans plus tard, les activistes du Parti et de l'Etat, y compris les journalistes, avaient déjà une situation privilégiée...

A l'occasion des fêtes, on nous apportait les meilleurs vins, on nous offrait le meilleur veau et le fromage le plus raffiné. Nos salaires étaient le double des autres; seuls ceux des mineurs et des sidérurgistes étaient supérieurs. Mais c'était un sujet tabou.

J'ai eu des ennuis parce que j'avais raconté à un ami que je gagnais mille quatre cents lei par mois. Radu, le mouchard, s'était empressé de me dénoncer!

«Les journalistes sont assimilés aux activités du Parti. Leur travail est considéré comme supérieur à la normale. Voilà pourquoi ils gagnent davantage que les salariés des professions ordinaires» m'expliqua le rédacteur en chef.

— Mais pourquoi nos salaires sont-ils si secrets? répliquai-je.

— Les gens n'en comprendraient pas la motivation, et ils feraient un scandale.

— Je pense qu'ils auraient raison de le faire. La révolution, c'est à tous. Je me souviens d'un vers de notre fabuliste Grigore Alexandrescu[1]: «Nous avons l'égalité, mais pas pour les chiottes»!

—Vous n'aimez pas notre rédaction? se fâcha le rédacteur en chef.

---

[1] Poète et fabuliste du début du dix-neuvième siècle.

— Au contraire, j'aimerais y rester jusqu'à la retraite. J'aime ce métier comme un fou. C'est ici qu'est ma place...

— Alors ne cherchez pas l'origine de ces lois! Nous les avons prises chez les journalistes soviétiques.

— J'arrive mal, pour ma part, à me réconcilier avec cette idée. Pas besoin de se reporter en arrière.

— Chaque jour, les médias doivent s'abreuver aux sources officielles. Je me rends compte que votre approche est inacceptable. Que faire? Est-ce que je dois vous mettre à la porte?

Je me suis tu et je suis sorti du bureau du rédacteur en chef comme une étoile filante. J'avais *aboyé à la lune*...

Quel genre de reportages écrivais-je à cette époque-là? J'étais passionné par les thèmes extraordinaires qui avaient beaucoup de succès auprès du grand public et qui remplaçaient le sensationnalisme d'autrefois.

Un hiver, par une température de vingt-huit degrés au-dessous de zéro, avec un vent de 135 km/h, une ligne électrique s'était rompue sur les crêtes de la montagne Parîng. Le gel et le givre avaient alourdi les fils.

Une équipe de spécialistes s'était rendue immédiatement sur les lieux, à une altitude de mille neuf cents mètres, pour essayer de réparer la ligne. Je montai seul sur la montagne par un chemin peu connu. Je luttais contre la neige, je luttais contre le vent froid qui soufflait en rafales en éparpillant la neige et qui m'obligeait à marcher plié en deux.

J'aurais pu ne jamais y arriver, car une meute de loups était passée par là quelques minutes auparavant: j'avais remarqué leurs grandes traces épaisses et longues imprimées sur la neige fraîche. Je ne sentis le froid qu'en rencontrant les premiers électriciens au travail.

Pendant la nuit qui suivit, j'entendis, glacé d'effroi, le concert des loups, hurlant à la lune étincelante au-dessus des sapins enneigés.

J'avais travaillé toute la journée aux côtés des électriciens, sous les morsures du vent glacial. Enfin, la ligne avait été réparée; le courant électrique circulait à nouveau au-dessus des Carpathes.

Aussitôt, j'étais descendu dans la vallée de la Jiu, accompagné des électriciens, fort de mon expérience vécue et muni d'une riche documentation. «Altitude-1900»: de ce reportage, on parla des mois durant. Que d'éloges! Le journal *Le Travail* de la capitale l'avait aussi publié à la une.

50

Une autre fois, j'étais descendu dans un secteur effondré de la mine de charbon Petrila, à huit cents mètres de profondeur. Je voulais me rendre compte sur place des raisons de l'éboulement. Cet accident pouvait être dû à des causes naturelles, absolument normales à ces grandes profondeurs. Mais peut-être, aussi, à la négligence des hommes.

Quand j'arrivai là-bas, un vrai cataclysme souterrain m'attendait. Les grosses charpentes en sapin qui soutenaient les galeries étaient courbées comme des copeaux. Au moment où je cherchais une chambre d'abattage, un bruit effroyable se fit entendre et la moitié de la zone d'abattage s'écroula comme un château de sable, bloquant irrémédiablement la sortie vers la galerie principale.

Pendant quelques instants, je crus que je venais d'être enterré vivant. Je regardais avec effroi l'ingénieur Dula qui m'accompagnait et qui restait pourtant calme:

— Nous avons encore une chance, ne vous effrayez pas! dit-il. Nous sortirons par la galerie dite «de tête».

La chance était de notre côté. Cette galerie étroite et tortueuse, comme l'entrée de la tanière d'un renard, était intacte. Nous fûmes sauvés après un parcours de quarante mètres dans ce labyrinthe.

A mon avis, les principaux coupables de cette catastrophe étaient les mineurs eux-mêmes. Pour réaliser de plus grands profits, ils n'avaient pas armé suffisamment leurs chambres d'abattage; ils n'avaient pas respecté les normes techniques de sécurité du travail. Cette insuffisance, et le gaz grisou qu'on n'avait pas détecté à temps, avaient déclenché l'effondrement.

Je suis descendu plus de cent fois dans des mines de charbon et de fer. Je connaissais tous les types d'extraction et, souvent, je prenais moi-même un marteau pneumatique et je travaillais comme un véritable mineur en détachant de grands morceaux de «diamant noir».

Les mineurs m'aimaient. Je savais décrire leur travail dur et ses dangers. Ils m'accueillaient toujours avec le rituel salut; «Bonne chance, bonne remontée»!

Les gens sont fiers de lire un article sur leur vie, sur leur métier. Personne n'est insensible aux louanges, mais nul ne supporte le mensonge, ni un travail bâclé, inexact, superficiel.

Alors que ma carrière était en pleine ascension, je fus *parachuté* au Comité municipal de l'Union de la Jeunesse Ouvrière comme candidat unique au poste de secrétaire. Je fus élu, en somme, sans l'avoir voulu.

51

Le tout avait été manigancé par le rédacteur en chef Ioan Sîrbu qui n'appréciait pas, à ses côtés, un journaliste à la plume facile et mordante.

— C'est la tâche du Parti. Sans autre commentaire, me dit-il pour motiver son acte.

On m'avait dit que j'avais été choisi à cause de ma culture générale et du dynamisme dont j'avais fait preuve comme rédacteur au journal *La Voie du Socialisme*. On me jugeait capable de redresser les jeunes de la ville de Deva, déçus depuis qu'un homme inculte de la région d'Olt s'occupait de leur avenir.

On me promit monts et merveilles. Comme les promesses ne donnaient pas de résultats, on me menaça de m'envoyer au fond de la plus misérable mine de la vallée de Jiu.

Je serais peut-être parti par le premier train, si je n'avais pas fait la connaissance de Diana: elle était belle, c'était l'Amour.

J'avais été présenté aux jeunes de la ville dans le cadre officiel de la Conférence municipale. Ma candidature à la fonction de secrétaire avait été déposée au nom d'un groupe de camarades. J'étais le seul en lice: pas d'adversaires, victoire assurée!

Je ne me réjouissais guère de mon élection, au contraire!

— Si tu ne veux pas avoir mal à la tête, ne fait rien de toute la journée, mais n'oublie pas de faire savoir à chaque séance que tu as rempli toutes les tâches que t'avaient données tes supérieurs. Le mensonge est le fidèle allié de l'activiste, me conseilla un ancien collègue de rédaction qui écrivait maintenant à *L'Etoile de la Jeunesse*.

Dès le début, je m'aperçus que le monde des membres actifs de l'Union de la Jeunesse Ouvrière était plongé dans une atmosphère de caserne, hypocrite comme je ne pouvais l'imaginer.

Un jour, je portais un très beau chapeau de feutre qui m'allait à merveille. Le premier secrétaire toussa de façon significative, puis il m'aborda de sa voix de baryton:

— Camarade second secrétaire, il faut que vous passiez demain matin au magasin. Vous devez vous acheter une casquette!

— Pareille à la vôtre? répliquai-je avec ironie.

— C'est bien ça! s'énerva le premier secrétaire. Vous êtes membre actif de l'Union de la Jeunesse Ouvrière. Par conséquent, vous devez être habillé comme un ouvrier. C'est la classe ouvrière qui est la force dirigeante dans notre pays.

— Excusez-moi. Je ne le savais pas!

— Je sais que vous êtes infatué de vous-même à cause de vos succès. Mais oubliez cette attitude chère au journal où règne un libéralisme de petits bourgeois. Les journalistes dont nous avons hérités de la presse du passé et dont nous avons, hélas, encore besoin, ont une influence néfaste sur les jeunes.

— Comment voulez-vous donc que je sois vêtu, camarade premier secrétaire? répliquai-je nerveusement... En salopette, avec une chemise sale et chiffonnée, sans col comme les camarades soviétiques? Voulez-vous que je cesse de me laver de Noël à Pâques? Voulez-vous que j'aie les ongles noirs?

— Assez! se calma un peu le premier secrétaire. Je pensais à la sobriété et à la modestie du second secrétaire. Quand vous allez chez les jeunes, il ne faut pas que vous soyez habillé comme un ministre.

— Dommage que vous mesuriez le dévouement de la classe ouvrière à la modestie des habits et à l'aspect physique mal soigné, répliquai-je. Quand j'étais petit, j'allais souvent voir mon oncle Nicolae. Il était mécanicien de locomotive, exploité par l'état bourgeois. Dès qu'il rentrait, il jetait ses habits de travail, il prenait vite un bain et il s'habillait si élégamment que tout le monde le croyait directeur de banque. Je ne crois pas que nous ayons renversé la bourgeoisie et la classe des propriétaires fonciers pour être vêtus comme des mendiants. Je suis contre les idées rétrogrades qui proviennent de la bourgeoisie. Mais j'admire cette classe sociale pour son art de s'habiller, pour ses manières raffinées. A mon avis, c'est une grande faute de vouloir effacer tout ce qui vient du passé. Nous supprimons souvent des bonnes choses et nous imitons, comme des moutons, nos camarades de l'Est qui n'ont pas dépassé l'époque féodale, si l'on en juge à leurs manières de s'habiller et à leur comportement en société.

— Voyons donc! Vous exagérez...

— Pas du tout. Il faut que nous apprenions aux jeunes à se vêtir élégamment, à se comporter en société comme de vrais membres d'un temps nouveau. J'aime voir des jeunes danser un tango ou une valse, j'aime voir un jeune homme baiser la main d'une dame, offrir sa place à une personne âgée dans un autobus. Vidons ces bistrots où traînent les jeunes gens. Proposons-leur une éducation variée et alternée: soirées de poésie et d'improvisation, soirées de danse et de jeux, soirées de chansons patriotiques, rencontres avec les personnalités les plus importantes de la région, visites à Sarmissegetu ou à Alba-Julia...

Il faudrait que chaque jeune constructeur socialiste sache chanter *Réveille-toi Roumain, Ils ont été des héros* ou encore *Sur notre drapeau est écrit: union!* J'aimerais savoir à quoi servent les chansons soviétiques comme *Katiusa* et d'autres, tandis que nos chansons sont oubliées ou interdites. L'ancien secrétaire a-t-il fait venir un professeur de linguistique pour parler aux jeunes gens de la langue roumaine qui est en prépondérance d'origine latine et non slave, comme le prétendent quelques russophiles incultes? La jeunesse d'aujourd'hui est comme un troupeau conduit par un mauvais berger.

— C'est magnifique ce que vous dites là, répondit le premier secrétaire. Mais je suppose qu'il s'agit d'une autre étape. La construction du socialisme, c'est une œuvre de longue haleine.

— Pardonnez-moi si je vous interromps: l'éducation de la jeune génération n'est pas une question d'étape, d'époque, de tel ou tel plan quinquennal. C'est une question de continuité... Les illustres ancêtres du pays Dace donnaient la même importance à l'éducation de la jeune génération: c'est ainsi qu'ils ont causé des problèmes à César. Les sentiments de courage et d'amour de la patrie étaient si bien ancrés en eux que les jeunes mouraient le sourire aux lèvres. Ils bravaient les plus grands périls et ils n'acceptaient pas d'être fait prisonniers. L'éducation venant de nos ancêtres d'origine romaine était peut-être plus raffinée.

— Vous m'étonnez, camarade! Dites-moi, quels diplômes possédez-vous?

— Le lycée, une école technique. J'ai commencé aussi une école militaire... Je suis un homme comme les autres, avec beaucoup d'imperfections. La vie d'un homme est très courte et équivaut, à l'échelle universelle, à un millionième de seconde. J'aurais besoin de dix mille vies pour tout savoir. En tous cas, j'ai lu énormément...

— Il me semble que votre place serait, plus haut, au Comité central peut-être.

— J'en doute. «Pas pour l'étape actuelle», comme vous dites. Je vise un socialisme différent de mes voisins slaves et mongols. J'aimerais concevoir un système à la mesure de ce peuple d'origine daco-romaine afin que tout homme puisse vivre dans une véritable démocratie, et en liberté. Le modèle soviétique colle mal.

— Vous visez loin, camarade secrétaire! Je vous respecte à cause de cela. Mais faites attention avec vos idées...

En trois semaines, j'avais organisé autant d'activités éducatives que mes prédécesseurs en l'espace de deux ans. Les jeunes commençaient à m'aimer et ils me suivaient avec confiance. Les salles de bal étaient bondées le jour de la jeunesse, mais personne n'osait plus entrer en salopette avec une chemise douteuse et mal repassée, des cheveux mal soignés, et sentant la boisson. Il en était de même pour les jeunes filles.

J'aurais continué sur la même lancée, si je n'avais pas remporté le premier prix au concours de reportages du journal *L'Etincelle*. Ce succès m'avait élevé au septième ciel.

Sur ces entrefaites, je fus appelé à Bucarest à l'occasion de la remise des prix du concours. J'avais pris *l'accélérat* du soir et, le lendemain, je me dirigeai vers *La Maison de l'Etincelle*. J'étais heureux comme jamais et je partageais mon bonheur avec tout le monde.

L'allocution que je prononçai devant la rédaction et devant Paul Niculescu-Mizil et Leonte Rautu, venus de la part du Comité central, était d'une très haute qualité et elle souleva des appréciations enthousiastes. J'avais parlé avec tant de passion du métier de journaliste, des secrets de la documentation, de la responsabilité du mot écrit, que je fus applaudi de toute l'assistance pendant plusieurs moments.

Je me souviendrai toujours de cette journée spéciale et je peux encore affirmer qu'elle fut la plus belle de ma vie. Pas seulement pour les éloges que j'ai reçus de tous, y compris les camarades du Comité central, mais surtout pour la confiance qui s'était installée dans mon esprit. C'est grâce à cette journée du 19 janvier 1958 que j'ai survécu dans des moments très difficiles de ma vie ultérieure.

Le jour même, on avait commencé à monter mon dossier pour ma prochaine promotion dans l'équipe du premier journal du pays. Le chef du personnel me retint quatre heures. Il me posa mille questions sur ma famille, sur mes oncles, sur mes cousins, sur mes grands-parents. Il s'intéressa à leurs biens, à leurs préférences politiques depuis le 23 août 1944 et même avant. Il désirait savoir si quelqu'un avait lutté contre l'Union Soviétique, et quelle était l'attitude de la famille en ce qui concernait les relations avec ce grand pays. Je dus nommer les personnes que j'avais connues pendant toutes les périodes de ma vie, à partir de l'école primaire. Les personnes citées furent interrogées à leur tour par des envoyés spéciaux du journal.

Souvent, le dossier était plus important que le talent du candidat. Quelquefois, il fallait attendre un an avant qu'une décision ne soit prise. Un proverbe circulait parmi les journalistes: *Le jeune journaliste est très doué mais le diable est dans son dossier.*

Après la remise du prix et le début du dossier, je m'en retournai de Bucarest, le cœur content, plein d'espoir. Quelques jours plus tard, je fus appelé par le premier secrétaire du Comité régional de l'Union de la Jeunesse Ouvrière, Ioan Szabo. C'était un homme silencieux mais dangereux comme une eau profonde.

— Je te félicite chaleureusement au nom du Comité régional, tu nous as fait honneur à l'occasion du concours de reportages, commença-t-il d'une voix flatteuse. Cette réussite nous permet d'espérer que tu travailleras de mieux en mieux, avec cette pugnacité dont tu as fait preuve au Comité municipal. Je te dis, à titre d'information, que le Bureau régional pense te nommer au poste de secrétaire de propagande. Donc tu seras le deuxième homme de la région, tu auras un meilleur salaire...

— La proposition du Bureau régional me fait beaucoup honneur et je l'en remercie. Etre second secrétaire de la région est une fonction dont je n'osais rêver. Malheureusement, il y a un *mais*, répliquai-je.

— Dis-le!

— Je partirai pour Bucarest dans un court délai et je n'ai pas l'habitude de mâcher mes mots.

— Nous avons été informés. Même le camarade Paul Niculescu-Mizil s'est intéressé à ton activité et à ta situation actuelle.

— Donc, vous êtes d'accord sur mon départ...

— Pas du tout! Tu es le meilleur secrétaire que j'aie jamais eu dans cette région. En moins d'un mois, tu as réussi à faire prendre un tournant de cent quatre-vingts degrés au travail de la propagande et de l'agitation. Le premier secrétaire a déjà peur de s'entretenir avec toi en raison des mesures que tu as prises et de ta technique de travail avec les jeunes gens. Il se sent en état d'infériorité sur le plan professionnel.

— Mais comment pouvez-vous justifier ce refus à *L'Etincelle* et à la section de propagande du Comité central?

— C'est simple, je leur dirai que tu manques de maturité.

— Au contraire! répliquai-je avec audace.

— Je passerai le mot à mes hommes, je leur dirai de te donner des références erronées. Après cela, personne ne s'intéressera à toi. Tu peux être le plus doué du pays...

— Je suis un «supertalent» et je réussirai, m'entêtai-je.

— Tu ne pèches pas par modestie, ironisa Ioan Szabo.

— Je ne vous contredis pas. Gœthe disait que «seuls les sots peuvent se permettre d'être modeste».

— Tu es impertinent, camarade Goldis, s'énerva le premier secrétaire. Tu portes en toi le germe de dissidence. Des hommes comme toi peuvent provoquer des actions fractionnistes dans l'Organisation de la jeunesse et même, plus tard, à l'intérieur de notre Parti, poursuivit Ioan Szabo en pensant à une autre possibilité pour me retenir dans la région. Le vote négatif que j'avais apposé contre la sanction d'un jeune ouvrier lui semblait être un bon prétexte.

— Je n'aime les robots que lorsqu'ils sont utiles, répliquai-je. Je suis un homme et je me permets d'avoir mes propres opinions, coûte que coûte! C'est la loi des contraires qui a contribué au développement de la société humaine. C'est la bataille sans relâche entre les anciens et les modernes qui change notre vie. L'humanité dirigée, l'absence d'avis contraires ont comme résultat la platitude, la stagnation, la mort de la société. Je gage que ça vous coûtera très cher un jour. Comprenez-vous? Il vous manque l'esprit de réforme, de renouveau...

— Il faut que la minorité se soumette à la majorité! C'est la pierre angulaire de la démocratie.

— Quelle démocratie? Pour votre culture, le mot *démocratie* signifie le gouvernement par le peuple. Or, si je compte bien, deux millions de membres du Parti et de l'organisation de la Jeunesse ne représentent toujours pas la volonté de vingt-trois millions d'habitants qui vivent actuellement dans ce pays. Je ne connais pas l'opinion de quatre millions de Roumains qui vivent sous l'occupation soviétique en Bessarabie et en Bucovine du Nord. Si vous n'admettez aucune opposition, pourquoi écrit-on dans les procès-verbaux: votes pour, votes contre et abstentions?

— Ce n'est pas le moment de discuter du statut de notre organisation. Ça ne regarde que le futur Congrès de l'Union de la Jeunesse.

— Vous êtes à bout d'arguments! conclus-je.

— Je propose que tu sois sanctionné! cria Ioan Szabo, dans une colère noire.

— J'accepte n'importe quelle sanction à condition que je la mérite! répliquai-je. Je me fous de vos menaces. Faites-vous justice à Budapest.

— Prends garde, camarade! C'est moi qui réponds des destinées de la jeunesse de cette région. Tu ne veux pas venir à la région? Ça te regarde! Mais je t'avertis: tu n'iras pas à *L'Etincelle*. A part de ça, ne touche pas au problème national. C'est le Parti qui l'a résolu...

— En faveur de quelques minorités qui nous mettent la corde autour du cou.

— Sors!

— Que le diable te patafiole! dis-je en sortant du bureau du premier secrétaire de la région.

J'étais fier de mon attitude. J'avais conscience de ne pas m'être laissé couper l'herbe sous les pieds. Il me semblait que j'avais bien fait. Le premier secrétaire de la région ne voulait pas m'aider. J'en pris acte. Depuis mon enfance, les Hongrois m'avaient toujours porté guigne. Ioan Szabo ne faisait pas exception.

Je continuai à travailler avec la même conscience, mais mon âme était gravement blessée. L'absence presque totale d'activités journalistiques m'avait plongé dans un état d'apathie. Quelquefois, je m'animais brusquement à une assemblée de l'Union de la Jeunesse, alors que les membres de cette organisation prenaient la parole pour pérorer de la pluie et du beau temps.

Je passais mes soirées avec Diana, l'élue de mon cœur. J'étais un bel homme aux yeux bruns et aux cheveux noirs. Mon cœur était à la dérive depuis la perte de Mariette. Je m'attachais difficilement à une autre fille, quoique j'avais mille occasions pendant mes visites de travail dans les organisations de la ville de Deva. Il m'arrivait parfois de recevoir des billets dans lesquels on me proposait des rendez-vous avec de très belles filles. Moi, je les jetais toujours à la poubelle. J'avais des principes d'éthique que je respectais comme une lettre d'Evangile...

En décembre, peu avant de quitter la rédaction, je fus envoyé à l'Union des Coopératives de consommation pour écrire un reportage. J'entrai au secrétariat et je me trouvai face à face avec une fille pas comme les autres. Elle était belle; yeux noirs, cheveux châtains longs, élégante, distinguée et souriante.

— Georges Goldis, me présentai-je. Je viens de la part de la rédaction de *La Voie du Socialisme*.

— Enchantée, Diana Adamescu, se présenta-t-elle.

Je la regardai furtivement et je me rendis compte qu'elle était, de toute façon, très séduisante. Je sentis que quelque chose *germait* dans mon âme. Mais j'essayai de cacher mon état.

— Est-ce que le camarade président peut me recevoir? dis-je.

— Il vous attend. J'ai déjà préparé toute la documentation qu'il vous faut, m'informa-t-elle me regardant amicalement.

Deux heures plus tard, en sortant du bureau du président, j'invitai Diana Adamescu à la soirée dansante spéciale de la rédaction.

— Volontiers, consentit-elle. Vous êtes mon reporter préféré depuis longtemps. J'ai lu tous vos reportages. Vous écrivez chaleureusement sur les gens ordinaires. Je pense que vous êtes un être très bon...

Il m'arriva la même chose qu'avec Mariette. Je tombai amoureux comme un fou de Diana Adamescu. Je comptais déjà les heures qui restaient avant le rendez-vous. Est-ce qu'elle viendrait vraiment? Est-ce que je ne me trompais pas au sujet de cette belle fille? J'avais peur que mes collègues, les journalistes, rient de moi en cas d'un refus de la part de Diana Adamescu.

C'était un samedi soir. Je l'attendais à la porte de la majestueuse villa où était installée la rédaction...

Nous dansâmes sans trêve toute la soirée sous les yeux étonnés des journalistes célibataires ou mariés accompagnés par leurs femmes. Le *Danube Bleu, Paloma, Amène-moi à la maison, mon tramway, Zaraza*, furent les danses préférées. Elle s'adonnait à moi, je m'adonnais à elle. On se souvient une vie entière de moments tels.

Nous sortîmes sur la grande terrasse de la rédaction. Nous frémissions de bonheur. Je sautai sur l'occasion et je pris Diana dans mes bras. Suivirent une douzaine de baisers. Puis nous éclatâmes de rire.

— Tu es ma bien-aimée, Diana! dis-je.

— Je t'aime comme une folle, Georges. Il me semble que je rêve. Est-ce que ceci est vrai?

— Moi aussi Diana! Je savais que tu viendrais. De la terre ou d'un astre lointain.

— Tu es beau, intelligent, ouvert et sensible comme un diapason. Tu vis pour les autres, pour moi...

— Veux-tu danser?

— Jusqu'au lever du soleil, mon cher Georges.

Nous nous embrassâmes longuement puis nous regagnâmes la salle de danse.

J'étais déménagé du sous-sol de la rédaction après la mort tragique du journaliste Cibian. Je l'avais découvert, pendu dans la salle de tennis sur table. Cibian était un journaliste doué. Il possédait une sensibilité exacerbée...

Il n'y avait pas plus d'un an qu'il avait achevé le cours de journalisme de l'académie Stefan-Gheorghiu et déjà certains, dont moi-même, lui prédisaient une prodigieuse carrière.

Si j'impressionnais par le dynamisme de mes reportages, Cibian enchantait ses lecteurs par sa poésie. C'était un homme de petite taille.

La morphologie de son visage et ses yeux ovoïdes lui donnaient l'air d'un authentique chinois. Il se jugeait laid. Au fur et à mesure qu'il avançait en âge, il exagérait sa laideur. Il s'en faisait un complexe. C'est pour cela qu'il s'était mis à boire: il était presque toujours entre deux vins. Il s'était lié d'une amitié profonde avec moi. J'étais le plus bienveillant envers lui; je comprenais ses déboires.

— Ah! Si j'avais un physique comme le tien, disait-il, non sans une pointe de jalousie, je serais le plus heureux du monde. Dis-moi donc qui s'intéresse à un chinetoque.

— La fille qui t'aimera vraiment arrivera un jour, lui répondis-je pour l'encourager. Tu es jeune, tu es bon, prends patience.

— Tu crois vraiment? me demanda-t-il avec méfiance.

Ayant été plusieurs fois de service à la typographie, là où on imprimait notre journal, il était tombé amoureux d'une jeune fille qui travaillait dans ce service. C'était une jolie blonde, plaisante. A partir de ce moment-là, Cibian perdit pour toujours son calme et son fragile équilibre. Il suivait la belle fille comme son ombre, il essayait d'attirer son amitié. Comme par hasard, il se trouvait toujours sur sa route. Il aurait tout donné pour en être un peu aimé. Mais il n'était pas le genre de la jeune fille et, d'ailleurs, elle était frivole. Elle lui préférait un ancien photographe du journal qui faisait le clown toute la journée en racontant des blagues.

La jeune fille riait aux larmes. C'est avec lui qu'elle lisait les poésies que lui écrivait Cibian et tous les deux s'en amusaient beaucoup. J'étais d'avis qu'il n'était pas bien de «courir après la charrette qui ne nous attend pas». Mais Cibian n'écoutait personne. Le virus de l'amour et de la jalousie était entré dans son sang et le possédait comme un démon.

Un samedi soir de l'hiver 58, Cibian proposa à la jeune fille de l'accompagner à un bal organisé par le département de typographie. Il réussit à danser une fois avec Margareta. Il était au comble de la joie. Une heure plus tard, l'ancien photographe du journal se montra le bout du nez et Cibian était de nouveau oublié. Margareta était si tendre avec le nouvel arrivé qu'il était fou de jalousie. J'observais tout de près et je lui proposai de retourner chez nous.

— Laisse-la ici avec son photographe, lui dis-je. Ça ne vaut pas la peine.

Mais Cibian ne voulait rien entendre. Il était furieux comme un taureau. Vers minuit environ, avec la permission de Diana, j'invitai Magareta à danser, pour essayer de clarifier les choses.

— Cibian vous aime comme un fou, lui dis-je. Je crois que cet homme mérite un peu plus d'attention de votre part.

Margareta réfléchit, puis elle me dit avec une franchise dont je ne la croyais pas capable:

— Dites-lui que j'apprécie son amour. Mais, malheureusement, je ne peux pas le partager quand je suis amoureuse d'un autre. J'ai fait mon choix!

— De ce photographe rusé qui fume comme un turc dans la salle de bal? C'était un vrai Don Juan quand il travaillait à la rédaction. C'est un incurable. Je vous assure qu'il vous abandonnera pour une autre. Il court d'aventure en aventure, il change de fille comme on change de chemise. C'est pour cela qu'il a été écarté de la rédaction. Croyez-moi, je le connais très bien!

— Ce qui m'intéresse, c'est le moment présent. Il m'aime aujourd'hui, il me satisfait pleinement, je l'aime aussi. Après ça, le déluge! Ces moments, on devrait pas les manquer.

Je retournai vers Cibian et je lui proposai de sortir dans la cour du bâtiment de la typographie.

— Alors, cher Cibian, commençai-je avec une certaine gêne dans la voix, je suis ton meilleur ami et j'ai plaidé ta cause avec la plus grande conviction. Mais j'ai chanté la messe pour les sourds. Il n'y a pas deux places dans son cœur. Elle apprécie ton amour mais ne t'aime pas.

— Si c'est vrai, je me suicide!

— Comment peux-tu parler de cette façon? On n'a qu'une vie. Au-delà, c'est le néant... A part des femmes, il y a tant de belles choses sur la Terre. Tu penses que je suis un très beau jeune homme. Eh bien moi aussi j'ai eu pas mal de désillusions avec les jeunes filles. Les femmes n'aiment pas être dominées par des hommes intelligents et instruits.

Heureusement que Diana est différente...

— Je l'aime plus que ma vie et je deviens fou quand je la vois avec ce photographe.

— Allons chez nous! La nuit est toujours bonne conseillère, dis-je essayant de le calmer.

— Vas-y, toi. Quant à moi, je reste, s'entêta Cibian. Je partirai au moment où elle partira. Je me soumets à mon amour. C'est lui qui me dira quoi faire.

— C'est ton problème. Mais sois prudent et calme-toi! Il ne faut pas faire de gestes irréfléchis. N'importe qui, s'il est jaloux comme Othello, peut commettre des choses épouvantables.

— Je te promets d'être sage.

— C'est le mot d'ordre.

Je le quittai le cœur serré. Je reconduisis Diana chez elle, je l'embrassai tendrement. Diana avait compris que mon collègue se trouvait devant un choix crucial.

— Va-t-il en sortir?

— Il y a quelque chose qui cloche, Diana. Cibian est au bout de son rouleau, il se montre faible...

Je ne pus dormir à cause de mon ami. Je l'attendis jusqu'à cinq heures trente du matin. A ce moment-là, Cibian entra au dortoir, les habits en désordre, le visage défait d'un homme perdu.

— J'ai fait une grande bêtise, m'avoua-t-il. Après la fin du bal, je les ai suivis. Ils m'ont aperçu; ils sont entrés chez eux. Puis ils ont ouvert une fenêtre et ils ont commencé à se moquer de moi. A ce moment-là, j'ai perdu toute maîtrise et je suis devenu fou. J'ai pris quelques morceaux de terre gelée et j'ai commencé à les jeter à la fenêtre de Margareta et j'ai cassé la vitre. Ils se sont retirés, effrayés, au fond de l'appartement. Satisfait de ma bêtise et de ma vengeance, je suis allé à l'hôtel *Dacia*. J'ai acheté une bouteille d'eau-de-vie, je suis sorti dans la rue et j'ai commencé à boire, parce que j'avais honte d'avoir perdu mon sang-froid. Imagine quel scandale fera demain le rédacteur en chef! Si je me rappelle bien, tu m'avais donné un bon conseil. Pardonne-moi, Georges!

— A mon humble avis, il peut te renvoyer, c'est la pire chose qui puisse t'arriver. Ou bien, il peut «te parachuter» comme secrétaire de l'Union de la Jeunesse dans une ville de la région, essayai-je de l'éloigner un peu de sa pensée suicidaire. Si j'étais à ta place, j'irais chez-moi à la campagne. Et maintenant, couchons-nous. On va jeter de la lumière sur cette affaire demain matin.

Margareta aurait pu se plaindre au rédacteur en chef mais elle fit mieux. Sur les conseils du photographe, elle s'adressa directement au Comité régional du Parti. Le scandale éclata...

Le pauvre Cibian devint la risée générale et fut suspendu pour quinze jours. Dès lors, il se remit à boire, parfois il s'éclatait de rire. Il gardait dans sa poche un fil de nickel.

— Vois-tu ce fil? me disait-il. Grâce à lui, j'arriverai aux *contrées de chasse éternelle*. Si elle ne m'aime pas, ma vie n'a aucun sens. Pourquoi faire de l'ombre sur la Terre?

— Laisse ces blagues macabres, lui dit pour le calmer Teodor Olariu, un autre journaliste ami de Cibian. Il y a trois ans, ma femme m'a quitté. Elle m'a laissé avec deux enfants et puis elle s'est mariée avec mon meilleur ami... Pendant quelques semaines, j'étais fou de jalousie. Si quelqu'un m'avait donné un fusil, je l'aurais tuée. Petit à petit, je me suis calmé en regardant mes enfants qui s'endormaient chaque soir dans mes bras. Ça vaut la peine de vivre pour un sourire d'enfant... Donc j'ai survécu à ce drame. C'est ma mère qui a soigné mes enfants à la campagne. On va là-bas le dimanche pour leur dire bonjour. La vie serait très grise s'il n'y avait pas de temps en temps des imprévus. Sois courageux, Cibian! Ce n'est pas la dernière femme au monde.

— C'est mon affaire et je peux faire ce que je veux de ma vie. Je me pendrai ici-même au sous-sol. Je serai mort d'ici une semaine.

— Et comment procéderas-tu? lui demanda Teodor Olariu pour voir jusqu'où irait Cibian dans ses fantasmes.

— J'attacherai le câble au conduit du chauffage central.

— Dans ce cas, tu auras les jambes sur le plancher!

— C'est vrai, c'est prévu! Je plierai mes genoux et je serai mort en quelques secondes.

— Tu es vraiment fou! répliqua Teodor Olariu en faisant trois fois le signe de la croix. Georges, s'adressa-t-il à moi: lis-nous quelques pages du brave soldat Skejk. Il faut que nous réveillions cet homme, ivre de boisson et d'amour.

Je cherchai le livre et je commençai à lire les grandes et les inoubliables péripéties du brave soldat Svejk pendant la première guerre mondiale. Je lisais avec tant de maîtrise que Cibian riait aux larmes comme jadis. Nous croyions avoir réussi à le distraire. Mais nous nous trompions lourdement.

Par la suite, Cibian disparut. On le chercha partout; il était introuvable. Tout le monde avait peur pour sa vie. Derrière les blagues de certains de nos collègues se cachaient un esprit de solidarité envers Cibian. On l'aimait pour son talent incontestable, pour sa bonté proverbiale.

La veille de sa mort, le gardien Tumele l'avait vu entrer avec sa sœur au sous-sol. Il avoua, plus tard, que la sœur de Cibian, à un moment donné, avait pleuré à chaudes larmes. Peut-être que Cibian lui faisait ses adieux. En sortant du sous-sol, il avait reconduit sa sœur en ville. Tumele fut le dernier à le voir vivant.

Cette fois, moi et Teodor Olariu nous inquiétions vraiment. A trois heures du matin, nous ne dormions pas encore! Nous attendions le retour de Cibian.

— Qu'est-ce qui arrive si la comédie du lacet se transforme en réalité? demandai-je.

— Dieu seul le sait! répondit Teodor Olariu. Parfois, il me semble que notre destinée est écrite dans les étoiles.

Nous écoutions pour un bruit éventuel. Mais aucun bruit ne vint de la salle d'à côté. Epuisés, nous nous étions endormis sur les livres et les journaux que nous avions consultés.

A huit heures du matin, branle-bas, l'adjoint du rédacteur en chef adjoint, le directeur de l'administration et le joyeux gardien Tumele firent irruption dans le dortoir. Ils rayonnaient, ils étaient l'incarnation de la joie de vivre de la rédaction.

— Que manigancez-vous? leur demanda Teodor Olariu, surpris de cette visite matinale.

— C'est une bagatelle, dit le directeur de l'administration, notre gardien Tumele aurait été un grand comédien, s'il avait eu, dans sa jeunesse, la chance de suivre les cours d'un conservatoire. Ce matin, il a eu envie d'imiter Georges Goldis à sa gymnastique quotidienne dans la salle de tennis sur table. Georges, es-tu fâché de notre tour? s'adressa-t-il à moi.

— Pas du tout! répondis-je. Je ne me fâche jamais contre le camarade Tumele qui est un joyeux luron.

Encore en pyjama, je me dirigeai vers la salle de tennis sur table, suivi de l'*acteur* Temele, du directeur et de Teodor Olariu. On avait oublié d'allumer la lumière. J'entrai le premier et je commençai mes exercices de gymnastique habituels. Tumele essayait de m'imiter. Mon public riait aux larmes. Soudain, mon regard tomba sur le conduit dont m'avait parlé Cibian et je poussai un cri épouvantable: Cibian est mort!

L'assistance resta muette de surprise.

— Qu'as-tu fait, malheureux jeune homme? Comment, as-tu pu nous jouer ce terrible tour? lui dit, comme un reproche, l'adjoint du rédacteur en chef.

Cibian était aux *contrées de chasse éternelle*. Certainement après trois heures du matin, il s'était suicidé comme il nous l'avait expliqué quelques jours auparavant: il avait plié les genoux pour être sûr que le lacet l'étranglerait. Je l'ai regardé longuement: il semblait dormir. Son visage exprimait une tristesse sans bornes; c'était la tragédie éternelle de l'amour non partagé, conte vieux comme le monde, sans cesse répété en plusieurs variantes. Même si je m'attendais à ce qu'il commette un tel geste, j'étais ébranlé, comme si un coup de foudre m'avait frappé en plein milieu de la tête.

Pourquoi tu nous as quittés? pensai-je. *Que le diable emporte cette putain appelée Margareta!*

Nous nous retirâmes, les uns après les autres, ravagés profondément par la mort du jeune Cibian. Le docteur du cabinet du Comité régional du Parti devait arriver sous peu pour constater le décès. On trouva dans ses poches trois lettres:

— La première était adressée à sa mère et à sa sœur: il les priait de lui pardonner la grande douleur que leur causerait son suicide;

— La deuxième lettre était adressée à l'adjoint du rédacteur en chef: il nous demandait de lui pardonner et il confiait l'acquittement de ses dettes à l'adjoint du rédacteur en chef avec le dernier argent qu'il devait recevoir;

— La dernière était adressée à Margareta, la fille indigne qu'il avait tant aimé; il avait souligné plusieurs fois qu'il l'avait aimé plus que sa propre vie: «Adieu, Margareta! Sois heureuse et je me réjouirai au Ciel» finissait-il.

Je vis les traces de quelques larmes sur sa belle écriture.

On cacha la mort du jeune rédacteur Cibian de *La Voie du Socialisme* au grand public. Il ne fallait pas que l'on sache que même les communistes se suicidaient, qu'ils n'étaient pas des *hommes choisis*, comme on les présentait dans la presse de l'année 1958.

Le tragique suivit Cibian même dans la mort. Le prêtre de son village natal refusa de célébrer le service religieux selon les rites orthodoxes, comme le désirait la famille; il refusa aussi de le recevoir au cimetière. Il avait un cœur de pierre.

Le corps de Cibian fut transporté en grand secret à la morgue d'un cimetière marginal, en face de la mine de cuivre, et non loin de la maison où habitait Diana Adamescu. Plusieurs héros de ses reportages travaillaient à la mine.

Une dizaine de journalistes et d'amis l'accompagnèrent à sa dernière demeure. Il fallut qu'il soit enterré dans la partie réservée aux suicidés et aux bagnards...

Il neigeait à gros flocons et tout le monde pleurait en silence en suivant le cortège funéraire. Avant de l'introduire à sa place éternelle, l'adjoint du rédacteur en chef évoqua la figure du disparu, soulignant le grand regret qu'il laissait à la rédaction de *La Voie du Socialisme* et à sa famille.

On jeta quelques monnaies pour le passage du Styx: habitude héritée de nos ancêtres daces et romains. Puis chacun de nous jeta quelques morceaux de terre gelée sur son cercueil qui résonnèrent autant qu'un pont traversé par une compagnie militaire. Après quelques heures, la neige avait recouvert le tombeau et les couronnes de fleurs déposées au nom de la rédaction.

On me confia la délicate mission de parler avec Margareta et de lui donner la lettre d'adieu. La nouvelle ne l'avait pas trop impressionnée mais elle eut, pourtant, un moment de bon sens chrétien, disant «Dieu lui pardonne!». Elle avait pris la lettre d'un geste machinal, l'avait mise dans la poche de son paletot et était partie immédiatement en évitant mon regard d'acier qui la condamnait pour ce crime fait avec préméditation. Je crachai derrière elle et je lui souhaitai une mort semblable.

Cette mort me troubla profondément. Pendant plusieurs mois, je ne fis plus de reportages, je rêvais sans cesse à Cibian. Peut-être aurait-il mieux valu de ne jamais lui transmettre le message de Margareta, peut-être aurais-je dû mentir... C'était une chose que nous enseignait notre *Honnête Parti*. Il y a des vérités qu'on ne peut pas supporter.

Peut-être... Pour ainsi dire, je ne savais pas mentir. J'étais un homme qui aimait dire la vérité coûte que coûte. Je regrettais d'avoir été si accaparé par les problèmes du Comité municipal et de n'avoir pas eu le temps disponible pour être plus proche de mon ami dans ces moments décisifs. Je dus prendre un congé d'au moins une semaine...

Quand le printemps arriva et que les premières violettes parurent, je me rendis au cimetière, accompagné de Diana. La neige et la pluie avaient effacé le nom inscrit sur la croix en bois. On se recueillit quelques minutes sur sa tombe. Quelques larmes chaudes coulèrent de nos yeux. Les souvenirs nous envahissaient. Puis je sortis mon canif et j'écrivis sur la croix en bois:

> *Margareta, je t'ai aimé plus que ma vie! Si tu le*
> *peux, pardonne-moi! J'étais, peut-être, un fou!*

Nous nettoyâmes les mauvaises herbes qui commençaient à envahir le tombeau. Puis je sortis un livre de poche cher à moi et à Cibian: *Les péripéties du brave soldat Svejk*. Je lus quelques paragraphes significatifs, comme dans le bon vieux temps. Soudainement, je revis mon ami qui riait du fond du cœur. Je m'arrêtai, ne pouvant plus continuer.

Les blessures de mon âme guérissaient lentement. Je voyais régulièrement Diana Adamescu. On se quittait vers onze heures devant la porte de sa maison. En arrivant au dortoir, je lisais jusqu'à minuit. J'avais toujours l'impression que je savais trop peu, que je n'en faisais pas assez pour utiliser au maximum le court laps de temps que représente la vie d'un homme.

Au Comité municipal, les problèmes ne manquaient pas. Je suffoquais dans ce monde d'activistes imbéciles qui ne pensaient qu'à leurs ventres et aux aventures avec les femmes des autres. J'étais très content quand, dans un cercle limité d'amis, je réussissais à imiter, aussi bien qu'un vrai acteur, le premier secrétaire du Comité municipal. Par un *traître* infiltré dans le cercle (il y avait partout des *agents* en Roumanie), le premier secrétaire fut mis au courant de mes spectacles de pantomime, ce qui causa un énorme scandale lors de la première séance du Bureau municipal.

«On ne peut pas faire l'amour avec la farce», dit le même premier secrétaire Petru Ciuceanu un mois plus tard dans le cadre d'une autre séance du Bureau municipal et en présence du premier secrétaire du Comité régional, Ioan Szabo. «C'est pourquoi je propose qu'il aille à Brasov pour y suivre les cours de l'Ecole du Parti, section de la jeunesse. Je soumets ma proposition au vote. Lesquels d'entre nous sont «pour»? poursuivit-il...

— 7 —

Le départ pour Brasov fut un gros chagrin pour moi et pour Diana...
Nous passâmes un dimanche pas comme les autres sur la belle montagne de la Cité. Des serments furent prononcés du fond du cœur.

— L'été prochain, à la fin de l'école, nous allons passer devant l'officier de l'état civil, dis-je à Diana!

— Je t'attends avec impatience, répondit-elle en me regardant avec une candeur éblouissante.

Nous nous embrassâmes mille fois, comme si nous n'allions plus jamais nous revoir.

Est-ce qu'il nous arrivera quelque chose? pensai-je, inquiet. Mais je n'en dis rien à Diana. C'était, peut-être, une simple supposition.

Le lendemain, Diana me reconduisit à la gare. Nous nous parlâmes, nous nous embrassâmes encore une fois, avant le départ du train. Diana Adamescu, les yeux en larmes, suivit le train jusqu'au moment où il disparut totalement. Je lui envoyais des baisers flamboyants de la fenêtre de mon wagon de première classe.

D'emblée, la ville de Brasov m'enchanta: les forêts de sapins, les montagnes aux cônes volcaniques, les splendides villas, les anciens murs de la Cité, la célèbre Eglise Noire... A cela s'ajoutaient les avantages matériels: mon salaire de Deva versé à cent pour cent, trois repas gratuits, et de qualité, logé, blanchi, que demander de plus?

Une bibliothèque immense, des salles de classes grandes et lumineuses chauffées au gaz, une quarantaine de professeurs. Les cours duraient une année scolaire. On donnait des cours intensifs d'histoire du Parti communiste de l'Union Soviétique et d'autres Partis socialistes et frères, d'édification du Parti et de l'Etat, d'agriculture et de zootechnie; on parlait beaucoup de l'Organisation de la Jeunesse Ouvrière, la principale réserve des cadres du Parti.

De l'argent de poche et l'estomac plein, on peut crier jusqu'à la retraite: vive le Parti et son secrétaire général! disais-je.

A quoi penses-tu, camarade activiste du Parti et de l'Etat? Sais-tu que d'autres se sacrifient vraiment pour la victoire du socialisme en Roumanie? T'es-tu jamais demandé comment ils partagent leurs salaires

73

de misère? Ils font la queue d'un magasin à l'autre pour se procurer le minimum d'aliments nécessaires! Le vin ne s'arrête-t-il pas dans ta gorge quand tu apprends que l'ouvrier qui travaille aux fourneaux ou dans le «ventre» de la terre ne trouve dans les magasins qu'une mauvaise piquette? Tu aspires au titre de héros du travail, comme si tu t'étais échiné sur les grands chantiers de la patrie, alors que tu n'as souffert ni de la faim, ni de la chaleur. Tu es l'homme qui n'a jamais honte de profiter d'autrui. Pauvres abeilles roumaines! Pendant combien de temps supporterez-vous ces faux-bourdons dans votre ruche?

J'avais vite compris que ces conditions exceptionnelles d'enseignement et de vie m'obligeraient à des concessions avec ma conscience. Je me demandais ce que je cherchais ici. Pour moi, c'était le seul moyen d'échapper à la juridiction de la région Hunedoara et d'arriver le plus tôt possible à *L'Etincelle*. Faut-il dire que je n'avais rien en commun avec cette bande de prochains *nomenclationistes*? Mais c'était déjà trop tard.

Je parlais toujours avec une politesse exemplaire: les injures ne font pas partie de mon vocabulaire. Je m'habillais aussi élégamment et impeccablement. Pour ces *caserniers* troglodytes, ma présentation relevait d'une indiscutable influence de l'idéologie bourgeoise.

Je n'allais jamais au restaurant (ils y étaient presque tous les jours), je ne fumais pas et je ne gaspillais pas mon argent. Mes préférences étaient le théâtre, les revues, les livres et les matches de football.

Si quelqu'un manquait d'argent, il pouvait trouver chez moi de cinq cents à mille lei et même plus, sans aucun intérêt. Certains collègues oubliaient de me restituer mon argent, justement ceux-là qui devinrent mes opposants. J'étais de bonne foi et j'aimais partager le sort de quelqu'un, surtout que je considérais ne pas mériter tant d'argent. Peut-être qu'un autre paierait pour moi à son tour.

Non, je n'avais pas une double personnalité, comme pourrait le croire certains amis d'enfance. Je ne voulais que le *nécessaire* pour vivre d'un jour à l'autre. Toute accumulation supplémentaire m'était étrangère. Je partageais argent, nourriture, connaissances avec les autres.

Ici, à Brasov, j'étais arrivé à une mauvaise adresse, à cause de mon amour pour l'écriture. Faire marche arrière était impossible pour l'instant. J'étais pris dans le piège du système. Je me souvenais de ce qui m'était arrivé après mon départ volontaire de l'école militaire.

Trois étudiants, nommés Nagy, Lelenka et Peter, venus de trois parties différentes de ma Transylvanie natale, avaient été surpris par les dirigeants de l'école en train d'écouter un service religieux à la radio Kosuth. C'était un poste de radio hongrois. C'était le comble de l'ironie. On leur avait confié l'éducation athée des travailleurs et des paysans. Cependant, ils se comportaient comme de vrais bigots. L'incident fut considéré comme une grave déviation à l'éthique communiste. A un moment donné, on envisagea même la possibilité de leur exclusion de l'école. L'éducation athée était l'échine fondamentale du système. Ils ne furent sauvés que par les dirigeants de l'école: ces derniers ne voulaient pas que l'on sache que, dans une école importante du Parti, trois élèves avaient péché si gravement contre la morale communiste.

Vu mon passé journalistique, j'avais été promu, depuis trois mois, rédacteur en chef de la revue satirique *L'Ortie*.

Quelques jours plus tard, je fus appelé à la direction de l'école.

— Bonjour, camarade *L'Ortie*, m'accueillit le directeur Ion Jianu. Votre revue va bien et nous rend de précieux services dans le processus d'éducation communiste. Cette fois-ci, je vous propose un sujet hors du commun, continua-t-il. Il s'agit d'un fait grave, qui fait mal à notre morale.

— Je suis au courant, camarade directeur, répondis-je.

— Tant mieux. Il ne vous reste qu'à concevoir votre prochain numéro. On l'attend avec impatience.

— Je ne fais que mon devoir, répondis-je.

Je n'attaquai pas la foi en elle-même, comme tout le monde s'y attendait. Mon *cheval de bataille* fut l'hypocrisie qui était devenue le trait essentiel de la majorité des communistes et des membres de l'Union de la Jeunesse, et peut-être des autres. Le succès fut énorme. On riait jour après jour. Personne ne soupçonnait qu'il riait de ses propres défauts. Ma critique était subtile, vitriolante. Etant à l'intérieur du système, je pouvais me permettre de dépasser certaines limites, en m'alimentant de quelques mots d'ordre du Parti.

Les trois élèves critiqués par *L'Ortie* jurèrent de se venger contre moi. Je me fichais de leur menaces et ma revue fut publiée jusqu'à la fin du semestre.

Je partis pour la région de Hunedoara pour y accomplir un stage pratique d'un mois. Je fus envoyé à Galda de Sus, un village près d'Alba-Julia, le sanctuaire du peuple roumain. J'étais accompagné d'un autre collègue stagiaire. C'était à notre tour d'apporter notre contribution à la collectivisation de l'agriculture.

Dès les premiers jours, je me posais des questions sur les abus qu'on faisait pour obliger les paysans à s'inscrire aux fermes collectives. Le libre assentiment du paysan, un principe dit sacro-saint dans la politique du Parti et dans les discours de son secrétaire général, Gheorghe Gheorghui-Dej, était donc un mot d'ordre creux.

C'est un mensonge qui jette de la poudre aux yeux des paysans et du monde entier. Les paysans sont en réalité arrêtés, torturés, victimes de chantage, déportés, jusqu'au moment où ils acceptent de signer les demandes d'adhésion préparées d'avance par des équipes spéciales envoyées sur place. D'autres sont déshabillés et laissés nus dans la neige froide qui leur arrive aux genoux. On ne leur rend leurs habits que lorsqu'ils sont gelés et que les demandes ont été signées sur le champ, pensais-je devant cette triste réalité qui ressemblait étrangement à *l'œuvre de collectivisation* faite par le défunt Staline. Mon oncle Jonica en avait été témoin dans les années 30.

Si, d'aventure, un paysan était pris avec un morceau de bois *volé* dans la forêt, le maire lui mettait le marché en main: «Tu signes et on n'en parle plus!»

C'est ainsi que la moitié de Galda de Sus faisait partie de la ferme collective. Elle avait pris possession des meilleurs terres. Les premiers tracteurs venaient d'arriver car, conformément aux directives, on avait brûlé charrettes et chars à bœuf. «On brûle le passé et la misère des paysans», me disait le maire du village. «La collectivisation commence déjà à gaspiller le matériel», observais-je en regardant les chars à bœuf incendiés. Il me semblait que le passé de mes grands-parents disparaissait dans cet incendie criminel allumé par des gens irresponsables. Je me souvenais que les fermes de notre Transylvanie étaient remarquablement organisées et, selon moi et mon collègue Pop, elles auraient dû servir de modèle.

— La terreur a assez duré, l'ère des punitions et des tortures doit faire place à de nouvelles méthodes, dis-je à Pop.

— Les dirigeants ont commis trop d'erreurs, ils doivent désormais compter avec nous, m'approuva-t-il.

La nouvelle se répandit, c'était l'allégresse générale. Nous étions, partout, reçus à bras ouverts: une cruche de vin rouge et généreux, des saucisses, du jambon et voilà que s'engageaient des discussions animées et fructueuses où chacun développait ses propres arguments «pour ou contre».

J'aimais beaucoup un paysan, Marian Trandafir, qui avait une petite propriété moyenne. Sa ferme était un véritable exemple pour tout le village et personne n'avait des récoltes aussi belles que lui. Il était le plus diplomate et le plus sage, comme mon grand-père Ion qui avait résisté jusqu'à la mort à la tentation de la collectivisation pour que je puisse hériter de ses derniers hectares de terre à Cermei... Grâce à lui, j'étais devenu propriétaire au moment où tous les autres disparaissaient. Il m'arrivait, parfois, d'être à contre-courant... En ce qui concerne Marian Trandafir, pour ce qui était de l'art de travailler les terres, il était capable de tenir tête aux agronomes de la région.

— Si Marian Trandafir accepte de s'inscrire dans la ferme collective, me disait le maire, vous pourrez retourner chez vous, mission accomplie. Tout le village va le suivre. Il est un paysan pas comme les autres...

Je savais déjà qu'il avait souffert, qu'on l'avait enfermé à Alba-Julia, qu'on l'avait torturé au poste de la gendarmerie locale. Personne n'avait réussi à le convaincre de faire le grand pas.

Depuis mon arrivée et celle de Nicu Pop, les *durs* avaient pris la décision de le laisser en paix, espérant qu'il serait isolé à la fin de la collectivisation et qu'il devrait alors échanger ses terres pour d'autres situées à l'extrémité de la région.

«Faites comme chez vous» nous dit-il. Il était d'un abord facile.

— Je suis un pauvre paysan, continua-t-il avec modestie. Je n'ai appris de mes ancêtres que le travail des champs. Je ne sais ni écrire, ni lire. Vous, jeune homme (s'adressant à moi), me dites que dans la ferme agricole collective, nous bénéficierons de machines agricoles modernes et de semences choisies. Vous, jeune homme, me dites que l'union fait la force; que nous, les paysans, serons des messieurs et que les machines travailleront à notre place. Je suis de votre côté et de celui de monsieur Pop. Nous ne pouvons pas être camarades pour le moment... Mais, permettez-moi de vous dire quelques mots. Loin d'ici, dans la plaine où les terres s'étendent sur de grandes surfaces et où le maïs croît tout seul s'il est jeté dans les sillons tracés par les bœufs, je suis d'accord avec la ferme agricole collective. Peut-être qu'elle réussira dans un tel endroit.

— Vous pouvez vous orienter vers la viticulture et l'élevage, essayai-je de le convaincre.

— C'est pire, monsieur Goldis! La vigne est comme un homme et la maladie s'y propage très rapidement. Il faut que je sois toujours en alerte, il faut que je prenne garde à la rouille. Au moindre symptôme, je travaille jour et nuit jusqu'à ce qu'elle soit chassée. C'est la même chose avec les animaux. Quelqu'un doit sans cesse s'en occuper. Il faut chercher les plus gras pâturages en été, et, en hiver, avoir la grange pleine de foin. Vous avez vu mes bœufs. Ils sont gras et puissants. Quand la terre est molle, je fais le labourage avec deux paires de bœufs. Vous avez eu de la chance de me trouver à la maison, à cause de la neige trop abondante cet hiver. Autrement, je serais allé transporter le fumier.

— Les engrais naturels peuvent être remplacés par des engrais chimiques, répliqua Nicu Pop.

— Je ne suis pas contre la science. Mais je vous dis encore une chose: à Deleni, on utilise des engrais chimiques depuis cinq ans. Aujourd'hui, on voit les conséquences: pas de poissons dans la rivière du village, ni lièvres sur la colline, ni faisans, ni pigeons sauvages. Presque tous ont disparu. Il est vrai que le blé a donné plus de paille que le mien. Mais c'est le grain qui compte, ne vous en déplaise, voilà!

— Je vous remercie de votre hospitalité. Votre vin est excellent et vos remarques semblent pertinentes! Mais que décidez-vous? demandai-je.

— Il faut que j'y pense encore, il faut que j'en parle avec mes enfants et mes belles-filles.

— Avec nous, les choses se passent bien, répondis-je. Nous sommes des gens raisonnables et la terreur ne fait pas partie de nos méthodes. Nous partirons d'ici dans trois semaines et les durs reviendront. C'est le chemin choisi par le Parti au nom du peuple. Vous ne pouvez pas aller contre le vent.

— Vous avez raison, jeune homme. Mais je vous dis à nouveau une chose: mille ans d'esclavage ne valent pas une heure de liberté. Je n'ai jamais été le serviteur de personne et je n'accepterai jamais de travailler pour les paresseux, les voleurs et les ivrognes.

— Bonsoir, monsieur Trandafir, et à bientôt, dis-je, ainsi que mon camarade Nicu Pop.

— Dieu vous bénisse. Bonne nuit.

Nous nous promenions du matin au soir à Galda de Sus. La neige était abondante et nos bottes s'y enfonçaient comme dans un oreiller. Nous n'avions réussi à faire signer que soixante demandes. C'était peu, selon le Comité régional du Parti.

De plus, nous avions signalé que les paysans n'étaient pas libres de leurs décisions, et nous avions mentionné les tortures, les chantages et les autres mesures coercitives. Ce que nous ignorions, c'était que ces méthodes étaient tacitement admises, car il s'agissait de montrer au Comité central que le secteur était performant et qu'il avait terminé sa collectivisation dans les délais prescrits.

Je ne reçus aucun remerciement de la part du Comité régional du Parti. Au contraire, je fus durement critiqué pour mon manque de combativité et de conviction dans un problème d'intérêt national: la transformation socialiste de l'agriculture. Il s'en fallut de peu pour que je ne sois déclaré saboteur.

— Vous avez agi comme une vieille barbe, sans l'enthousiasme de la jeunesse, m'asséna le premier secrétaire du Comité régional du Parti. Nous avons dépensé beaucoup d'argent pour vous et que nous rapportez-vous? Soixante demandes...

C'était un soir, à la fin du mois de mars 1959. Le froid était encore si pénétrant que j'allumai le gaz en arrivant dans le dortoir. Je cherchai un livre dans ma table de nuit. Je pris un recueil de poésies de George Cosbuc[1] et je plongeai dans la lecture. Etant donné qu'il était un de mes poètes favoris, j'étais si profondément préoccupé que je ne m'aperçus pas de l'entrée de Lelenka et de Peter[2]. Ils s'avançaient à pas de loup; ils voulaient voir si je ne lisais pas, par hasard, un livre interdit. Depuis ma critique parue dans *L'Ortie*, ils «tissaient leur toile» autour de moi, comme une araignée.

— Que faites-vous écrivaillon public[3]? m'attaqua Lelenka.

Je sursautai. Je n'allais pas supporter ces persiflages jusqu'à la fin du monde.

— Occupez-vous de vos affaires, pieuvre soviétique! répliquai-je.

Sur le coup, je ne me rendis pas compte de la formidable occasion de revanche que je venais d'offrir aux critiqués de *L'Ortie*. Mais après, remarquant le sourire cruel qui fleurissait au coin des lèvres de Peter pendant que Lelenka, agenouillé, remerciait le ciel pour cette revanche tant attendue, je compris ma faute. Ma vie ne serait alors qu'une longue tragédie...

Par mesure de précaution, j'aurais dû quitter tout de suite l'école. Ma destinée aurait pu être autre. Mais je n'étais pas de ceux qui quittent le lieu de *lèse-majesté*. Et puis, malgré mon intuition, malgré toutes mes connaissances, je restais d'une grande naïveté. Je croyais encore en l'esprit de justice du Parti. Je ne m'imaginais pas que, pour ces deux

---

[1] Un des plus grands poètes roumains, né en Transylvanie, deuxième moitié du dix-neuvième, début du vingtième siècle.

[2] Deux des trois jeunes qui avaient écouté le service religieux, critiqués dans ma revue *L'Ortie*.

[3] La traduction de l'expression roumaine serait *craie fourragère*, qui correspond à l'idée de *plume alimentaire*. Lelenka désirait me vexer en me rabattant à la qualité de "nègre plumitif", écrivant à la place des autres pour assurer sa subsistance alimentaire.

mots, j'allais payer toute ma vie. En quelques minutes, Peter et Lelenka avaient informé leur ami Nagy de la phrase fatidique. Quelle aubaine! Ils achetèrent une bouteille de cognac et ils burent jusqu'à minuit dans le dortoir voisin. L'heure de la revanche avait sonné.

A une heure du matin, je fus réveillé par Lelenka, Peter et Nagy. Ils avaient des yeux de chiens enragés et ils sentaient fortement la boisson. Ils voulaient me mortifier en chantant un hymne à la louange de l'Union Soviétique et du communisme. Les *bigots* avaient changé rapidement afin de me détruire.

— Fichez-moi la paix, ivrognes! répondis-je. Je n'accepte pas de leçons. J'en sais plus que vous sur ce pays!

Les trois amis se mirent à m'insulter en hongrois (je compris presque tout) et puis, ils s'endormirent ivres-morts. Ils ronflaient comme des chevaux sauvages. Je restai en état de veille. J'étais en émoi, j'étais en colère contre moi-même, j'étais maintenant entre mauvaises mains.

A l'âge de onze ans, pendant la dernière partie de la deuxième guerre mondiale, je m'étais réfugié tout seul dans la maison à l'approche de l'armée fasciste hongroise. C'était le quatorze septembre 44. Ainsi, j'avais passé deux semaines entre deux fronts, ayant tout le temps ma vie en danger. Deux fois, je fus près d'y laisser ma peau.

En retournant à la maison, après la défaite de l'armée fasciste, je m'étais procuré un fusil neuf pour me défendre contre ces terribles voisins. Mais à Sic, à vingt kilomètres de mon village natal, je fus témoin d'une tragédie de guerre: un bel officier fasciste, les poings serrés, le tête noyée dans son sang, était étendu à côté d'un pont.

— Pourquoi dort-il là, celui-là? avais-je demandé à ma tante Floare qui m'avait cueilli dans l'immense masse de réfugiés.

— Il est mort! m'avait-elle répondu.

A quelques mètres plus loin, dans un champ de maïs, il y avait des centaines de soldats et d'officiers morts. C'était un vrai carnage. Quelques beaux chevaux gisaient aux côtés de leurs cavaliers. D'autres étaient encore vivants mais gravement blessés. Je suis resté bouche bée et j'ai immédiatement jeté mon fusil. J'ai longuement pleuré la mort de ces jeunes hommes, même s'ils avaient envahi mon pays, alors que le premier mot d'ordre adressé à ma mère pendant l'occupation hongroise temporaire avait été:

— Ne parlez plus roumain avec votre fille!

Il était six heures du matin. Le doute s'installa dans ma tête. Une voix intérieure me disait constamment:

— Va-t-en, tu es en grave danger! Laisse tout...

Mais il ne me restait plus d'argent. Une semaine avant, j'avais envoyé huit cents lei à ma sœur. La veille, j'avais dû en emprunter deux cents lei à un officier de la *Securitate* qui était dans mon groupe d'étude. Il ne me restait même pas la somme nécessaire pour m'acheter un billet de train...

Dix témoins spontanés se présentèrent à la direction de l'école. Je les vis au moment où ils attendaient leur tour devant la porte. Ils dirent tous qu'ils désiraient faire des déclarations écrites très importantes au sujet de ma déviation. Ils déclarèrent, chacun sur son honneur, qu'ils étaient présents au moment où j'avais prononcé la terrible expression contre l'Union Soviétique! J'étais déjà considéré comme un grand ennemi de l'Union Soviétique et du socialisme.

Le directeur de l'école, Ion Jianu, se frottait les mains de satisfaction. Il ne m'aimait pas du tout parce que j'étais différent des autres. Pour lui, mon exclusion serait une leçon pratique formidable.

A dix heures, je dus quitter le séminaire portant sur l'histoire du Parti communiste de l'Union Soviétique, avec l'obligation de me présenter immédiatement au bureau du directeur. Celui-ci, confortablement installé dans un fauteuil somptueux, toussa significativement et me fit signe de m'asseoir devant son bureau:

— Qu'est-ce qui s'est passé avec cette terrible expression dont tout le monde parle depuis quelques heures? m'interrogea méchamment Ion Jianu.

— Pour tout dire, je ne sais pas, répondis-je avec une franchise totale. J'étais en train de lire la poésie «Décébale face à son peuple» de George Cosbuc et j'en étais aux vers:

Un peuple bourreau voudrait maintenant
Ployer sous le joug ces hommes ardents

A ce moment-là, Lelenka m'a dérangé en se moquant de moi. Il m'a surnommé *écrivaillon public*. Je voulais lui donner une réplique faite sur mesure et je lui ai dit *pieuvre soviétique*. Que vous me croyiez ou non, je n'avais aucune intention de frapper notre grand voisin de l'est.

— Je te crois, dit le directeur avec une sorte de complicité. Ce sont les élèves de l'école qui croient le contraire, ajouta-t-il écartant les mains dans un geste d'impuissance. Ils me disent que, depuis plusieurs semaines, tu ne manques aucune occasion de dénigrer l'Union Soviétique, Vladimir Ilich Lénine, le socialisme en général, que...

— Camarade directeur, je vous crois un homme raisonnable, l'interrompis-je. Suivez ces spéculations calomniatrices qui ont comme base l'esprit de vengeance de Lelenka, Peter et Nagy et on arrivera à la plus grande et à la plus monstrueuse machination dans l'école du Parti.

— Cela veut dire que tu es aussi nationaliste, camarade Goldis. Les élèves de notre école ont raison, ajouta le directeur comme si c'était une sentence irrévocable. Tu es coupable! Laissons-là le problème national qui a été résolu si heureusement par notre Parti...

— Heureusement, oui. Mais seulement pour les minorités nationales, répliquai-je. Quant à nous, Roumains, qui sommes pourtant chez nous, nous avons permis aux minorités nationales de nous conduire et de nous mettre la corde au cou. Vous me dites que je suis nationaliste. Eh bien, je le suis quand il s'agit de l'amour pour ce peuple qui a gardé son identité nationale malgré les vagues d'envahisseurs et d'exploiteurs qui ont marchés sur ces terres saintes héritées de nos glorieux ancêtres daces et romains. Moi, je dirai, comme Lucrèce Patrascanu[1] «Je suis communiste, moi, mais par-dessus tout, je suis Roumain!»

— Donc, tu as les mêmes idées que l'opportuniste réactionnaire Lucrèce Patrascanu, dit le directeur avec l'intention de m'enliser davantage.

Comme je tardais à répondre, le directeur Ion Jianu continua, abandonnant le tutoiement:

— Je peux me féliciter d'avoir réussi à arrêter, à temps, votre embauche au journal *L'Etincelle*. Il y a un quart d'heure, le chef du personnel était assis, là, avec l'approbation dans sa poche.

— Le camarade Maxime? demandai-je comme frappé par un coup de foudre.

— En personne!

— Comment avez-vous réussi à le convaincre si vite? Il a travaillé une année complète à monter mon dossier.

— Il s'est passé quelque chose hier soir. Il y a eu une bénédiction du ciel pour notre école et pour la rédaction de *L'Etincelle*. Il suffit de lire ces dix déclarations que j'ai reçues à huit heures ce matin. Le camarade Maxime les a lues et puis il a dit: «Voilà un homme mort pour la

---

[1] *La matière grise du Parti*, emprisonné et tué en prison sur l'ordre de Gheorghiu-Dej, secrétaire général du Parti ouvrier roumain.

société socialiste. C'est dommage, il possède un très grand talent. Je ne sais pas sous quel signe il est né, mais il a réussi à se faire des ennemis pour la vie entière». Et il est parti en toute hâte.

— Vous êtes un infâme de la pire espèce, répondis-je sans aucun ménagement. Vous profitez de deux mots et vous vous proposez de faire une vivisection sur un homme innocent. Que le diable vous emporte! Vous me portez malheur.

— Appelez-moi carrément bourreau! A partir de maintenant, vous êtes un cadavre vivant! Il faut que vous compreniez que nous ne permettons à personne d'insulter l'Union Soviétique. C'est tabou! Qui l'insulte doit disparaître. Vous vous convaincrez vous-même de notre force terrible: l'isolement social. Le sort en a voulu ainsi...

— Vous vous moquez aussi de ceux qui vivent, répliquai-je. Vous paierez un jour pour vos infamies commises au nom d'idées que vous prétendez infaillibles. J'ai la conscience nette. Quant à vous, vous avez des rats dans la tête.

Je suis sorti du bureau du directeur en claquant la porte avec violence, contrairement à mon habitude. J'avais horreur de cette bande de dénonciateurs et de dénigreurs de profession.

Une énorme affiche annonçait qu'en la soirée du 23 avril 1959 aurait lieu une assemblée générale extraordinaire de l'Organisation du Parti de l'école. A l'ordre du jour, un seul point: *Le débat sur l'attitude anti-soviétique de Georges Goldis*. Le mot *camarade* était déjà exclu. J'étais donc indigne de cette appellation.

Ils étaient rassemblés dans la vaste salle du cinquième étage. Sur la tribune, sur la table immense et noire, étaient écrits, en grosses lettres, des slogans concernant la vigilance révolutionnaire afin d'éliminer les éléments opportunistes et hostiles.

Le directeur, Ion Jianu, se conduisit comme dans un pays conquis: il consulta à voix basse les membres du praesidium, rajusta sa cravate et but calmement un verre d'eau. Il montra ses dents blanches comme de la porcelaine qui contrastaient avec son visage brun.

— Je remercie le praesidium de l'honneur qu'il me fait en me confiant la bonne marche des travaux de notre assemblée générale extraordinaire, commença-t-il. Comme vous en avez été informé à temps, il n'y a qu'un seul point à l'ordre du jour: Le débat sur l'attitude anti- soviétique de Georges Goldis. J'espère que l'assemblée générale fera preuve de sa maturité politique et qu'elle décidera de mesures statutaires contre cette déviation qui sort de l'ordinaire. En ce sens, je donne la parole au camarade Ilie Preda, le secrétaire de notre organisation de Parti. C'est lui qui vous présentera le rapport du Bureau de l'organisation de base.

Le secrétaire du Parti, Ilie Preda, était vêtu du costume typique de l'activiste. Cela faisait penser au veston de Staline et aux pantalons de Gheorghe Gheorghiu-Dej. Une dizaine de décorations étaient accrochées à son veston.

Il se leva, se dirigea vers la tribune, but une gorgée d'eau, toussa deux fois de façon significative, mit ses lunettes et commença la lecture:

— Camarades, le Bureau de notre Organisation du Parti a discuté, en tant que responsable communiste, des déviations commises par Georges Goldis, ancien élève de notre école, membre du Parti depuis 1958, possédant le carnet numéro 385487.

«Georges Goldis a profité d'un manque de vigilance qui existe quelques fois dans nos Organisations de Parti. Il a su profiter de son origine paysanne... Cet élément opportuniste et hostile est en réalité un agent de l'impérialisme américain et de la grande bourgeoisie internationale! Il a réussi à pénétrer les cadres du Parti et de la Presse. Sans la vigilance révolutionnaire des camarades Lelenka, Peter et Nagy, sans la maturité politique du camarade directeur Ion Jianu, cet élément opportuniste et hostile serait arrivé à la rédaction de *L'Etincelle*. Plume en main, vous pouvez vous imaginer quelles leçons de vigilance révolutionnaire il nous aurait données...

«J'aimerais remercier les camarades qui ont fait preuve d'un haut patriotisme et d'intransigeance révolutionnaire en condamnant l'attitude hostile, sans précédents, de Georges Goldis. Il n'est pas permis de comparer le grand pays du socialisme victorieux, celui qui a libéré la Roumanie du joug fasciste, à une monstrueuse pieuvre! C'est trop, c'est plus qu'être fasciste.

Comme obéissant à une baguette magique, toute l'assistance se leva et se mit à scander: «L'Union Soviétique, c'est le bastion de la paix! L'Union Soviétique, c'est le bastion de la paix!»

— Je vous remercie, camarades, pour votre spontanéité révolutionnaire et pour votre attachement collectif envers notre grand voisin de l'est.

Après avoir bu un peu d'eau, il continua d'un ton tranchant pour se donner de l'importance:

— La pieuvre est un animal marin géant qui a plusieurs bras (tentacules) avec lesquels elle accroche et détruit tout être rôdant autour de son refuge. C'est le monstre le plus dangereux de l'océan et de la mer, pour être plus exact. Le bureau de l'Organisation du Parti a analysé sérieusement cette métaphore. Elle pourrait même être utilisée contre les Etats-Unis d'Amérique. Selon la pensée de Georges Goldis, on pourrait dire aussi que les bras de cette pieuvre se sont enroulés autour de nos puits de pétrole, de nos forêts, de nos champs de blé et de maïs, de nos troupeaux, de nos mines d'uranium et d'or. On pourrait dire que les bras de cette pieuvre appelée *rouge* ou *soviétique* ont accaparé notre Parti, notre gouvernement et notre police, dont la *Securitate* dans laquelle j'ai l'honneur d'être colonel. En synthétisant, camarades, nous sommes prisonniers de ce monstre que Georges Goldis a nommé *la pieuvre soviétique*. Est-ce ça, camarades?

— C'est ça, camarade secrétaire! répondit en chœur l'assistance, ne voyant pas le ridicule de la réponse.

— Et bien, camarades! Fausses suppositions, la plus fausse du monde! C'est l'Union Soviétique qui nous a libéré de la botte fasciste et de la dictature du maréchal Antonescu. S'il n'y avait pas eu l'Union Soviétique, nous serions tombés entre les pattes des Américains et nous serions restés à jamais un pays agricole, fournisseur de produits agricoles et de matières premières pour l'Ouest.

Conformément au statut du Parti, je donne la parole à Georges Goldis. Reconnaissez-vous votre culpabilité? Ferez-vous une honnête auto-critique? Nous voulons vous aider...

— Que pourrais-je dire? Vous en avez déjà trop dit sur moi depuis une trentaine de jours. Vous m'avez battu aujourd'hui sur le terrain de l'imagination. Je croyais posséder ce don de la nature, ne supposant pas qu'il y avait d'autres hommes aussi doués que moi. Je vous dis encore une fois: je ne serai jamais capable de tirer autant de sens de ces deux mots qui se sont associés au hasard dans ma tête. Ce n'est pas moi qui ai critiqué l'Union Soviétique, c'est vous-mêmes en parlant des bras de cette pieuvre qui se sont enroulés autour de nos puits de pétrole, de nos forêts, de nos champs de blé et ainsi de suite. Vous avez dit quelques vérités qui vous font honneur. C'est le ver de la culpabilité qui vous ronge impitoyablement.

«En ce qui me concerne, je lève la main comme au tribunal et je déclare: Innocent! Les vrais coupables sont au praesidium ou dans la salle!

— J'ai l'impression que l'accusé s'est transformé, sur place, en juge, intervint le directeur Ion Jianu.

Et, de ses yeux, il fit le tour de la salle en cherchant quelqu'un. Enfin, il arrêta son regard sur une femme.

— Révélez-nous, camarade Schmith, l'histoire avec les œuvres de Lénine.

— Il y a un mois, commença la camarade Schmith, une petite femme brune avec un faux sourire, j'ai reçu une importante quantité de livres. Georges Goldis, qui en achète plus que les autres, s'est présenté au stand et il a commencé à feuilleter les nouveaux ouvrages reçus. Je lui ai proposé d'acheter les volumes 7, 8 et 9 de Lénine. Il m'a regardé longuement, puis il m'a répondu brièvement: «Je n'ai pas besoin des bouquins que vous m'offrez. Cette fois, je préfère acheter deux recueils de poésie de George Cosbuc».

«Il est clair que Georges Goldis sous-estime la doctrine marxiste-léniniste. Quand j'ai discuté avec lui en ce qui concerne les possibilités de passage du capitalisme au socialisme prévu par Lénine, il m'a dit avec arrogance: «Il y a longtemps que les idées de Lénine sont dépassées, elles constituent aujourd'hui un obstacle à l'évolution socialiste du monde. C'est la transformation socialiste de l'agriculture qui est la plus grande faute de Lénine».

— Mensonge, ton nom est femme, répliquai-je implacable. Comment pouvez-vous donner une telle interprétation d'une visite à un stand de livres? Je sais que j'ai un très bon salaire et d'autres avantages, mais je ne peux me permettre d'acheter le même auteur en double. C'est vrai que j'ai discuté avec vous des possibilités de passage du capitalisme au socialisme, comme entre bons collègues. Je vous disais que Lénine ne pouvait prévoir ni la dispersion de l'empire colonial, ni les conséquences du culte de la personnalité, ni les fautes commises par Staline et les autres... Je suis à la disposition du corps des professeurs pour un examen sur place de Lénine, volumes 7, 8 et 9.

— Donc, vous n'êtes pas coupable et vous déclarez en public que la femme d'un cadre didactique est une menteuse! C'est assez, c'est trop, Georges Goldis! s'écria le directeur comme un fou.

— J'ai gâché mon avenir et je mérite d'être puni parce que j'ai cru en l'esprit de justice du Parti, répondis-je. Le *reste* vous appartient et vous en rendrez compte un jour. J'ai eu l'impression que la roue du temps s'était retournée et que nous étions revenus au Moyen-Age. Une nouvelle nuit de la Saint-Barthélémy s'est produite. Cette fois dans le domaine de la calomnie. Il y a une seule différence: au lieu des fanatiques religieux, nous avons affaire à de nouveaux prêtres, dits *communistes*! Vous êtes la majorité, moi, je suis seul. Vous pouvez me mettre en pièces. Les loups sont forts lorsqu'ils sont en meute...

— Continuez avec vos insultes, citoyen Goldis! ironisa le directeur.

— Malheur à vous, docteurs de la nouvelle loi! continuai-je. Comme disait votre Lénine d'un exclu, je suis mort pour le socialisme. Mais pourquoi me regardez-vous avec une haine si grande? C'est moi qui devrait vous regarder ainsi. Vous mettez de côté pour toujours mon talent de journaliste. Malgré le mal que vous me faites, je n'ai pas l'esprit de vengeance. Je serai vengé par vous-mêmes le jour où vous disparaîtrez de cette Terre sans laisser aucune trace. Je porterai ma croix jusqu'au bout, sur la colline de Golgotha. Voilà pourquoi je dirai comme le Christ: «Je vous présente l'autre côté de mon visage. Frappez-le, et crachez sur moi, approchez-vous hypocrites! Tuez-moi...»

La salle s'était transformée en volcan. Si ces *troglodytes* avaient eu des paniers de pierres sous la main, ils m'auraient lapidé comme à l'époque du roi Salomon. Ils n'étaient plus humains. Ils ressemblaient étrangement à des chacals en train de préparer une attaque dévastatrice.

Le directeur Ion Jianu les calma à grand-peine, faisant des signes désespérés de ses mains. Il se rendit compte qu'il avait franchi les bornes. En tout cas, la leçon avait porté. C'est pourquoi il poursuivit comme un sage.

— Il est temps que nous démontrions que nous sommes une assemblée d'hommes civilisés, quoique je comprenne vos sentiments de communistes et de patriotes. Les faits ont prouvé que nous sommes en présence d'un déviationniste de grande taille, d'un mystique qui s'inspire même de la Bible et tient le langage d'un martyr. Nous serons donc des *bourreaux*. Nous allons crucifier ce christ nommé Goldis, le transpercer par le feu de nos critiques, le réduire en cendres. Allez! Vous avez la parole. Lesquels d'entre vous s'inscrivent?... J'ai noté quelques noms, les camarades Lelenka, Peter, Nagy, Albu, Ratiu, Comlodi, Schmith, Mots, Ciurariu, Borsan, Petrutescu, Cervencovici, etc...; soixante en tout.

«Est-ce qu'il y a encore des camarades qui désirent prendre la parole?... Peut-être considérez-vous que c'est suffisant? Qui vote pour la fermeture de la liste? Levez la main!

Le directeur regarda de tous les côtés et ne vit que des mains levées, sauf la mienne.

— Je vous remercie, continua-t-il. Le camarade Lelenka a la parole. Le camarade Peter peut se préparer...

Il était plus de quatre heures du matin et ils continuaient à parler et à me calomnier. Quelques-uns devenaient des reptiles. Ils écumaient de rage. Ils se transmettaient leur venin de l'un à l'autre. Hélas! le Parti savait *apprivoiser* ses chiens de garde!...

Quand le dernier orateur descendit de la tribune, le directeur Ion Jianu semblait en extase, possédé d'un étrange esprit. Il leva ses yeux d'un air important et dit avec une profonde satisfaction:

— Je prie l'Assemblée générale de se prononcer d'une manière démocratique, sans être influencée d'aucune part, sur le cas de Georges Goldis. Qui d'entre vous vote pour son exclusion?

Une forêt de mains se leva sur commande.

— Il faut noter au procès-verbal le mot *unanimité*. Le dénommé Georges Goldis a-t-il encore quelque chose à dire?

— Au pays des poupées, le metteur en scène est roi et, dans mon cas, c'est vous, répondis-je. Que Dieu vous renvoie un jour dans le campement de Bohémiens de vos parents. Vous êtes une corneille égarée parmi les pigeons! Regardez bien votre visage, conclus-je.

— En prison! cria le directeur comme un fou.

— Les mesures ont été prises à temps, camarade directeur! La *Securitate* veille jour et nuit, lui dit le secrétaire du Parti et colonel Ilie Preda. Personne ne bouge chez nous. Ceux qui «bougent», ne bougent plus.

— 9 —

Je m'assis à grand-peine sur le bord du lit. Pendant quelques instants, je ne savais pas où je me trouvais. J'étais à bout de nerfs... Où avais-je vu une chambre si sombre, si étroite et si haute? Mes pensées m'avaient ramené à l'été de l'année 1950, lors de ma visite à la prison-musée *Doftana*. La chambre où je me trouvais maintenant ressemblait étrangement aux cellules «H»! Donc, j'étais emprisonné dans cette *crypte* épouvantable. Ça sentait la moisissure; une souris brisa le silence de sa *voix* stridente; un rayon de soleil coulait par une fente dans un volet en bois! Je vis un monde microscopique qui tournait vertigineusement, comme les poussières de la queue d'une comète. J'avais perdu toute notion du temps. Je ne me rappelais pas comment j'étais arrivé là, ni à quelle date. Il me semblait que je vivais de nouveau, que mes fonctions vitales s'étaient arrêtées pour un temps et que je revenais à la vie.

Tout était mélangé dans ma tête. Le rayon de soleil avait eu le don de clarifier ma mémoire et je fis contre mauvaise fortune bon cœur. J'avais l'impression qu'il était tard et que moi, le paresseux, j'étais encore au lit! Je ne m'étais pas présenté ni aux cours de l'histoire du Parti communiste de l'Union Soviétique, ni aux cours d'économie politique. C'était une cruauté de m'avoir enfermé vif dans ce *caveau* situé quelque part en Roumanie.

Soudainement, je redevins moi-même: ils se trompent s'ils croient pouvoir tuer en moi l'idée de liberté et le sentiment d'opposition. Je sortirai un jour d'ici, maudits diables! Je vous empalerai avec un plaisir terrible!

Tout à coup, j'entendis un bruit derrière et je vis que, dans la porte de la cellule, entrait le jour. Une tête d'homme au visage impénétrable fit son apparition. L'homme me fit signe d'approcher, puis il disparut derrière la porte. Il revint, après quelques instants, avec une assiette en terre cuite pleine d'une nourriture qui m'était inconnue. On me donna aussi une cuiller en bois et un morceau de pain noir.

Le gardien eut pitié de moi...

— Je croyais que vous n'en reviendriez jamais, commença-t-il. C'est la première fois que vous vous réveillez depuis une semaine.

— Suis-je ici depuis une semaine? m'étonnai-je.

— Vous étiez presque mort. Mes collègues vous ont mis à la torture...

— Je suis devenu un ennemi mortel et... increvable, répondis-je encore absorbé dans mes pensées.

— Je m'en suis rendu compte. Vous êtes condamné pour combien d'années?

— J'ai été enfermé sans être jugé... Ecoutez-moi bien! Je suis accablé de chagrin. Je suis tombé de toute ma hauteur...

— Cela signifie que vous avez beaucoup offensé vos chefs. Que puis-je vous dire de plus?

— Est-ce que je resterai ici longtemps?

— Je n'ai pas la permission de m'entretenir avec vous. Mais je lis dans votre âme que vous n'êtes pas capable de vendre votre conseiller. Je vous avoue qu'un homme entré ici, sans être jugé, peut y rester toute sa vie. Il demeure un numéro oublié dans un dossier. On détruit toute espérance dans cette maison.

— Je suis sur des charbons ardents, j'écume de rage! Dois-je y rester jusqu'à la mort?

— Calmez-vous! Ne brûlez pas votre dernière cartouche. Vous êtes jeune et vigoureux. Quelle politique avez-vous faite?

— Entre nous soit dit, j'ai fait la politique du Parti. Je m'étais abandonné à une idée en écoutant le chant des sirènes. Un jour, j'ai déserté la cause. Deux mots se sont associés par hasard dans ma tête. La combinaison qui naquit était *pieuvre soviétique*. J'ai mon franc-parler. Si je me rappelle bien, on ne peut servir Dieu et Mammon en même temps.

— Ça y est. Vous êtes un déviationniste. Des jours très durs vous attendent. Mais il ne faut pas désespérer. La politique, c'est comme les femmes: elles changent d'un jour au suivant. Je suis gardien depuis l'ancien régime et j'ai vu ici plusieurs hommes qui se sont occupés de politique. Même en prison, ils se comportent comme à l'extérieur: ils haïssent, ils se font des gouvernements fantômes, ils vendent leurs camarades pour un morceau de pain de plus, puis, une heure plus tard, ils s'embrassent et ils pleurent ensemble. Nulle part, l'homme ne perd si facilement sa dignité. A mesure qu'on multipliait les coups, vous avez soutenu que vous n'étiez pas coupable. Pas un seul mot contre les autres n'est sorti de votre bouche. Votre attitude digne m'a beaucoup impressionné.

Le gardien disparut de la même manière qu'il était venu. Je commençai à manger. J'étais si affamé que je léchai l'assiette. Ce repas me semblait princier. Je me séparai à grand-peine de quelques miettes de pain que je jetai à la souris. Je ne pouvais être injuste envers le seul être vivant de mon entourage...

Quelques temps après, j'entendis plusieurs coups sur les murs de ma cellule. Si j'avais compris le message, j'aurais répondu. Mais je ne comprenais pas un seul mot du langage des murs. C'était un code. Les communistes ont enveloppé de légendes le code qu'ils avaient utilisé dans les prisons, avant le 23 août 1944 à Doftana.

Je me cassai la tête avec les différentes significations que pouvait contenir ce langage secret. Peut-être pouvait-il signifier «D'où venez-vous?», «Pour quel délit avez-vous été condamné?», «Comment la nation peut-elle supporter la double oppression?»

Je m'étendis sur le lit. Je m'ennuyais et j'avais envie de fumer une cigarette, bien que je n'ai jamais été un fumeur véritable. Vivre entre ces quatre murs froids en béton, griffonnés d'inscriptions, était pour moi une énorme injustice. Dans la semi-obscurité qui y régnait, je ne pouvais pas comprendre grand-chose. S'il y avait eu suffisamment de lumière, cela m'aurait occupé pour un temps.

Subitement, la porte de ma cellule s'ouvrit et deux jeunes officiers de la *Securitate* entrèrent. Ils tirèrent les volets avec rage et, dans la cellule, le soleil fit son entrée par la minuscule fenêtre.

— Vous avez gagné la bataille, vous, les réactionnaires! dit un des officiers.

— Quelle bataille? répliquai-je très surpris.

— Ne faites pas la tête: toute la prison a fait la grève de la faim contre les volets clos.

— Je ne vous contredis pas. N'observez-vous pas que je suis encore en civil?

— Vous avez de la chance! Plusieurs *politiques* ont perdu leurs yeux avec ces volets clos. Ils devenaient taupe nationale-paysanne ou taupe nationale-libérale. Nous n'avons aucune pitié vis-à-vis des ennemis de classe, anciens exploiteurs et représentants de l'idéologie bourgeoise.

— A partir de demain, me dit l'autre officier, vous porterez *l'uniforme* de la maison. C'est le plus beau costume au monde. Il faut que vous sentiez la puissance du bras armé de la classe ouvrière. Vous êtes entré jeune et je vous assure que vous sortirez grand-père, sinon mort. Il n'y a pas de troisième voie...

Les officiers crachèrent à mes pieds et sortirent en claquant avec brutalité la porte. Le bruit de la clef me fit comprendre qu'à partir de ce moment, je pourrais utiliser mon temps à ma volonté... Que faire?

J'étais, depuis mon enfance, un être actif, en parfaite harmonie avec ma structure nerveuse. Et maintenant me manquait tout moyen pour *tuer* le temps.

Est-ce que j'étais abandonné à jamais par la chance? Pauvre de moi! Je me suis fourré tout seul dans ce guêpier au lieu de me mettre en route. Je me fâchai tout rouge. «Je suis fichu!» criai-je comme un tigre sibérien tombé dans un piège. Je me promenais en long et en large dans la cellule. Soudain, je me dirigeai vers un mur de la cellule et je lui donnai plusieurs coups de pied, comme s'il était coupable de ma mise aux fers. Ce *travail* me fatigua et me calma un peu. Je me plongeai dans une foule de pensées...

Pour l'amour du ciel, assez! décidai-je. Je ne dois pas tomber à plat. Je me souvins d'une danse roumaine, dont les origines remontent à l'heure de la naissance de mon peuple dans le mirifique creuset daco-romain. Est-ce que je pouvais danser? Pourquoi pas? Je vais danser «Calusul» (elle s'appelle comme ça). Je fis des pas à droite et à gauche, je sautai sur un bâton imaginaire qui me manquait. C'était le bruit de mes talons qui remplaçait la musique. Je ressentis en moi une force miraculeuse, un élan du cœur incroyable.

Soudainement, les murs se mirent à reprendre la danse. Je continuai à danser comme un diable et compris que je n'étais plus seul. Quelques-uns étaient à côté de moi. Dorénavant, je ne devais plus regarder le vide, comme un homme perdu. Je m'approchai d'un mur: «Pardonne-moi» lui dis-je. Je décidai de commencer la lecture. Il y avait de vrais messages dans cette multitude d'écritures sur les murs. Les volets clos les avaient cachés des yeux tyranniques des gardiens. Je devais en profiter. Demain tout pourrait avoir disparu...

«Apprenez que, dans cette cellule isolée et plongée dans la noirceur, j'ai passé quinze mois de réclusion; je fus condamné, à l'âge de dix-sept ans et demi, à vingt-cinq ans de prison. La Securitate m'avais surpris, propageant des manifestes anti-communistes à Constantsa. Je ne suis pas en mesure de juger si les idées pour lesquelles j'ai lutté, et auxquelles j'ai sacrifié les plus belles années de ma vie, étaient les plus justes et les plus nobles. Je

suis sûr d'une seule chose: que ces idées ont tellement effrayé les communistes qu'ils ne sont pas inférieurs aux nazis en matière d'extermination physique... Je dirais que les communistes ont un peu plus de raffinement en ce qui concerne les tortures. Si vous prenez les choses au tragique, il vous reste deux alternatives: devenir fou ou vous suicider! Les vrais combattants ne choisissent jamais ces deux alternatives. Pensez au légendaire comte de Monte-Cristo que l'espoir et la soif de vengeance contre les malfaiteurs n'ont jamais quitté! Le communisme est-il éternel? Même si sur la porte de l'enfer de Dante Alighieri[1] est écrit «Laissez toute espérance, vous qui entrez ici» (notre prison n'est pas loin de l'imagination du grand Florentin), gardez-vous intact pour le jour où vous serez libre. C'est impossible que ce peuple, qui a lutté contre tous les envahisseurs venant des quatre vents et qui leur a résisté, demeure jusqu'à la fin du siècle sous le joug soviétique! Réveillez-vous, fils de lions! Repoussez le monstre rouge dans ses frontières naturelles. La vie que vous vivez, c'est le vrai esclavage.

Signé: Jon Huiu de Minis.

Je fus profondément impressionné par ce message. Bien qu'il ne fût point daté, j'effaçai le nom de l'auteur avec le bout de ma cuiller. Dorénavant, les volets n'étant plus clos, la *Securitate* pourrait le voir et commencer tout de suite des recherches. Peut-être même était-il encore dans cette prison...

Chacun racontait son drame. Que de jours et de nuits passés dans cette cellule isolée de toute société: famille, femme aimée. Intellectuels de grande valeur, européens ayant fait des études brillantes à Paris, à Rome ou à Berlin, écrivains et journalistes de grand talent, chefs des partis historiques, étudiants ou élèves, prêtres, ouvriers et paysans non-conformistes, avaient été enfermés dans cet *abattoir humain*. Ils perdaient souvent leur plus précieux capital: la clarté d'esprit...

J'appris beaucoup de mes lectures murales. Parfois, je ne savais pas quoi entreprendre pour garder mon équilibre mental. Quelquefois, je faisais de la gymnastique jusqu'au moment où je tombais rompu de fatigue.

En soirée, je regardais longuement la voûte céleste. Suis-je sur cette terre comme une étoile filante? me demandais-je. Est-ce que mon destin

---

[1] Dans *La Divine Comédie.*

est écrit dans une de ces milliards d'étoiles qui brillent dans le firmament? continuais-je sur ma pensée.

Quelle était belle, l'étoile du Berger! Et la Grande Ourse. Un jour l'homme va voler vers les étoiles. Jules Vernes était un visionnaire... Mais, plusieurs fois, je rêvais les yeux ouverts. Ma fantaisie extrêmement riche me transportait facilement de l'autre côté des murs de la prison. Si j'avais eu à ma disposition un crayon et du papier, j'aurais pu écrire romans, contes, pièces de théâtre.

Mon enfance, passée dans mon village natal, était le sujet qui m'obsédait le plus et qui revenait toujours avec une clarté de cristal. Je me souvenais de presque tout, de tous les détails depuis l'âge de deux ans.

Sur le film de ma mémoire était resté imprimé le visage fébrile de ma grand-mère Marie. Elle, qui m'avait énormément aimé et qui était disparue soudainement du paysage de la famille. On l'avait transportée quelque part, très loin, sur une charrette très belle et pleine de fleurs, tirée par quatre chevaux noirs. On m'avait dit qu'elle dormait et que je n'avais pas la permission de la bouleverser dans son sommeil. Longtemps, je l'avais cherchée en vain dans toutes les chambres.

Un jour, mon grand-père Ion se remaria. La nouvelle grand-mère, appelée Titsa, m'aimait aussi. Ce fut avec elle que je voyageai pour la première fois en train. Elle m'emmena avec elle à Ineu[1] où je vécus des moments inoubliables avec ses neveux.

Noël était attendu avec une joie sans bornes. Pas tant pour le sapin que *Père Noël* chargeait la veille de bonbons, de noix et d'autres bonnes choses, que pour l'abattage des porcs. Avant l'aube, mon oncle Tonica, le boucher, était présent avec tous ses accessoires. Puis arrivaient la sœur aînée de mon père, Maria, avec son mari, Cula, le grand-père Mihai, le grand-père Ion, ma belle-grand-mère Titsa, ma grand-mère Fiica, deux ou trois voisins.

Prévoyant tout de même la fin, les grands Yorks[2] étaient difficiles à faire sortir de leur abri. Mais, chaque fois, ils se laissaient tromper avec quelques grains. Ils poussaient des cris qu'on entendait jusqu'au bout du village. Et puis les cris étaient de plus en plus faibles, jusqu'au moment où les porcs cessaient de vivre. Quand tous les porcs étaient

---

[1] Une petite ville, non loin de mon village natal, à cette époque un gros village.

[2] Une race porcine produite en Angleterre, répandue en Europe.

tués, arrivait le moment que j'attendais le plus. On les flambait avec de la paille. Une odeur de poils brûlés flottait dans l'air. C'était les oreilles et les queues flambées que je préférais et je les mangeais avec grand appétit. J'étais un gourmand hors-pair.

Tout le monde travaillait, moi compris. Les porcs étaient tranchés, transformés en jambon, en lard ou en saucissons. C'était notre nourriture pour une année.

A la fin d'octobre, commençaient les vendanges. Les collines ensoleillées de Mocrea[1] étaient hôtesses de la plus grande fête de l'automne. Moi, j'étais présent. Je vivais alors des événements inoubliables et j'étais entouré d'attentions par mes cousins.

Le matin, je mangeais une galette faite de semoule et de lait. Elle était si bonne, si savoureuse, que je ne pouvais m'en rassasier. A sept heures, je montais dans la charrette de mon cousin Totie et nous allions ensemble vers les collines de Mocrea. Les raisins, qui avaient déjà subi les premières gelées, étaient jaunes et doux comme du miel. Je faisais la vendange, mais souvent, je mangeais une grande partie de ma récolte. Quelques heures plus tard, je sentais que, dans mon ventre, se produisait une véritable *révolution*.

— Cette maladie se guérit vite, mon neveu, me disait le père de Totie. Prends un verre d'eau-de-vie et ça ira déjà mieux quand nous partirons pour la maison. Tu boiras ce soir un très bon moût de raisins. Puis on va manger de la viande fumée...

J'avais presque cinq ans quand mon grand-père me donna une leçon d'éthique que je n'ai jamais oublié depuis... C'était à la mi-juillet et j'avais décidé d'attaquer le jardin de pastèques d'un voisin. Je m'y glissai par un trou, fait par mon chien Hector, et ma première idée fut de casser les pastèques avec mes dents. Malheureusement, les pastèques du voisin Jigau avaient été semées un peu en retard. Je dus en casser une vingtaine avant d'en trouver une à peu près mûre. Je n'eus pas le temps de me régaler. Le propriétaire arriva, me prit par les oreilles et me conduisit chez mon grand-père Ion.

— Le voilà ton petit voleur de pastèques, dit-il. Il a détruit presque la moitié de mon jardin, exagéra-t-il avec méchanceté.

— Pour les dégâts qu'il a faits, nous réglerons nos comptes comme deux bons voisins. En ce qui concerne mon petit-fils, ça me regarde.

---

[1] Un vignoble situé à vingt kilomètres de mon village natal.

Je t'assure qu'il ne visitera plus ton jardin de pastèques, lui répondit mon grand-père Ion.

J'écoutai le dialogue et mon cœur se fit petit comme une puce. Mon grand-père me regarda d'une certaine manière, prit dans ses mains la fourche de bois qu'il utilisait pour le foin et il me battit pour la première, et dernière fois.

— Que ce soit une bonne leçon pour toi! me dit-il. J'ai travaillé quinze ans à l'autre bout du monde pour ramasser de l'argent, afin que tu sois riche, et tu me causes aujourd'hui de l'embarras. Pars vite de ma maison! Je ne veux plus vivre en compagnie d'un voleur.

Ainsi, je fus renvoyé chez mon grand-père Mihai. Ce n'était pas un mauvais choix. Ma grand-mère Fiica était adroite dans l'art des crêpes et des contes. Elle possédait un plateau noir sur lequel elle étendait une crêpe géante baignant dans l'huile de tournesol ou de saindoux. Quand trois ou quatre crêpes étaient cuites, ma grand-mère les fourrait de miel de prunes. Je mangeais jusqu'au moment où je sentais que mon ventre allait éclater.

A la fin de ce repas pantagruélique, je m'approchais de la grand-mère Fiica et je lui demandais un conte. Elle laissait tout (à la campagne, il y avait toujours quelque chose à faire) et commençait une histoire. Elle m'introduisait dans le monde merveilleux des contes de fées. C'était la nourriture spirituelle des campagnards. Ainsi, la vie quotidienne prenait une autre dimension et les choses normales passaient dans le domaine de l'extraordinaire.

— Il était une fois... Si ce temps n'avait pas été, on ne raconterait pas. Il était une fois une très belle fille, commençait ma grand-mère. On pouvait regarder le soleil, mais pas cette fille. Elle avait un seul défaut: elle ne savait rien faire...

Vieux de plusieurs siècles, mon village natal était le miroir fidèle de la société patriarcale roumaine où le folklore, les superstitions et la langue archaïque faisaient bon ménage.

Les paysans vivaient presque comme à l'époque des Daces et des Romains. Ils produisaient en grande partie les choses dont ils avaient besoin. En hiver, il n'y avait pas une maison sans un métier à tisser et une quenouille.

Quelles merveilleuses veillées avaient lieu dans les maisons où vivaient des garçons ou des filles à marier! Quant à moi, j'étais petit et dodu. Je me cachais derrière le métier à tisser et je n'en sortais qu'à la fin de la veillée.

Il régnait une atmosphère optimiste. On se disait des contes joyeux, on faisait des blagues en se moquant des défauts les plus fréquents des campagnards, on racontait des histoires de revenants dans les cimetières ou dans les maisons où quelqu'un était mort depuis peu. Là, on discutait du chat blanc aux yeux rouges, de la nuit de la Saint-Georges: ce n'était que l'incarnation d'une femme qui, étant en vie, pouvait se transformer sur place en revenant. On racontait aussi des contes pleins de drames, dont les héros principaux luttaient pour accroître leurs terres.

L'un d'eux, surnommé Grelus, avait même tué son frère aîné parce que celui-ci vendait ses terres aux étrangers et qu'il dépensait son argent au bistrot. Le cadavre avait été découvert dans la fontaine du grand jardin de mon grand-père Mihai. On racontait que, dans ce jardin, le diable avait caché un trésor.

Avec cette histoire, un sorcier du village, presque fou, qui disait pouvoir voir sous la terre, avait réussi à rassembler dans le vieux jardin le grand-père Mihai, mon père Nutsu, l'oncle Tonica, moi-même et le voisin Berta. Nous arrivâmes à minuit, armés de bêches et de pelles, avec de la nourriture et de l'argent pour le voyage souterrain et pour les négociations avec le diable qui gardait le trésor. D'abord, nous fîmes dans le sol un trou de presqu'un mètre de profond et deux mètres de large. Puis nous attendîmes que le diable «signe le registre de présence». J'avais une peur bleue; mais je la maîtrisais bien pour qu'on ne se débarrasse pas de moi à la première occasion...

On ne comprenait pas pourquoi le diable ne se présentait pas aux négociations. «Est-ce qu'il lui est arrivé quelque chose?» m'interrogeai-je. J'étais tout à fait curieux de voir un vrai diable.

Soudainement, le sorcier regarda grand-père Mihai et s'aperçut qu'il portait une croix au cou!

— Tu me fais rigoler, Mihai! dit le sorcier, surpris. Comment veux-tu que le diable vienne au rendez-vous alors que tu portes la sainte-croix à ton cou? Ne sais-tu pas que le diable fuit quand il voit le signe de Dieu? Avec des hommes comme toi, le trésor restera pour toujours au fond de la terre... Je l'entends descendre... Ecoutez attentivement.

Le grand-père Mihai et mon père rirent aux larmes de la tête du sorcier. Moi, j'étais déçu d'un merveilleux rendez-vous raté. De fait, je fus torturé toute mon enfance par la possible existence du trésor. Les

103

flammes, qui sortaient toutes seules quelque part de la terre, allumaient perpétuellement mon imagination.

Pendant l'été, on cultivait des melons dans le jardin et je gardais les cultures avec mon chien Hector. Une nuit, je fis un rêve. Je me levai en plein sommeil avec ma couverture et je me dirigeai, comme un fantôme, vers l'endroit où le sorcier avait rassemblé mon grand-père, mon père et nous autres. Je restai au bord du trou. Le lendemain, je fus trouvé par ma mère Zenobia, couché sur le lieu «des négociations».

Mon village connaissait la période la plus fertile de son histoire. Tout le monde se fichait du danger soviétique dont la Presse parlait de plus en plus après l'occupation de la Bessarabie et de la Bucovine du Nord. C'était mon oncle Tonica qui connaissait, lui seul, toute la vérité. Lorsqu'il prenait deux ou trois verres d'eau-de-vie, il devenait volubile et il racontait ses aventures sibériennes sur la place publique.

— Pauvre de nous! disait-il. Quand les bolcheviks viendront chez nous, la gamelle et la pelle nous attendent. La pauvreté sera générale, comme chez mon voisin Perghes, qui n'aime pas travailler. Je vous parle de ce que j'ai vu, je n'invente rien, j'ai vécu douze ans en Union Soviétique et je suis même allé en Sibérie. Comprenez-vous pourquoi je bois et je vends tout? Pour n'avoir rien à leur arrivée. Le socialisme soviétique, c'est l'empire du vol et de la destruction...

Je l'écoutais toujours religieusement; les autres se moquaient de lui. Même mon grand-père Mihai était d'accord que son neveu parlait trop...

Le 21 juin 1941, la guerre éclata. Mon père était déjà tout près de la rivière Prut, dans son régiment d'infanterie. On devait reconquérir la Bessarabie et la Bucovine du Nord. C'est le frère de ma mère, mon oncle Craciun, qui le suivait dans l'armée. Je l'aimais beaucoup pour sa bonté et pour son esprit d'indépendance. C'était un homme travailleur, capable de vivre même sur la cime d'une montagne.

Il reçut sa convocation de départ quelques jours avant ses fiançailles et il fut envoyé dans une compagnie d'éclaireurs. Je pleurais à côté de ma grand-mère Fiica. Mais ni moi, ni elle ne pouvait s'imaginer qu'on le voyait pour la dernière fois. Il mourut au cours d'une mission, le 23 octobre 1942. Il fut enterré dans une fosse commune au village de Ravarascaia, une localité perdue dans l'immense steppe russe. Le communiqué, parvenu de son régiment, nous indigna profondément. Il disait que mon oncle s'était suicidé parce qu'il ne voulait plus lutter contre l'Union Soviétique. Il fut privé de son statut de héros du village et sa photographie ne fut jamais exposée au tableau d'honneur de l'école. A cause de ça, j'avais beaucoup souffert.

— Mon oncle Craciun n'était pas capable d'un tel geste, disais-je à mes collègues d'école qui m'ironisaient. Il rêvait de revenir pour se marier et vivre à nos côtés.

La veille de sa mort, ma grand-mère Fiica avait reçu une lettre bien optimiste que j'avais moi-même lue. J'étais en deuxième au primaire et ma grand-mère, qui voyait déjà mal, m'avait confié la tâche de lui lire les lettres qu'elle recevait de mon oncle.

Etant un éclaireur qui devait se glisser derrière le front ennemi, il est possible qu'il ait été tué à courte distance. En tout cas, ma grand-mère Fiica vécut un drame terrible. Mon oncle Craciun était son enfant favori. Quant à moi, je m'occupai des jeunes chevaux qu'il avait achetés quelques mois avant son départ pour la guerre. Je les caressais, les larmes aux yeux, en me rappellant celui qui avait été mon oncle Craciun. Il me semblait perdre une partie de mon enfance avec sa mort...

Je considérais l'amour comme le sel de la vie. A cause de cela, je me souviens de mes premiers pas en amour. C'était toujours à la campagne, comme un état d'âme précoce, comme d'ailleurs plusieurs choses à la campagne. On voyait souvent les gens se marier à l'âge de 13-14 ans.

Il y avait, pêle-mêle, enfants, adolescents, adultes, veaux, chatons, chiots, poussins. J'étais un être curieux, je posais des questions, j'étais un témoin privilégié jour après jour. Etant donné que les filles portaient rarement de petites culottes, on voyait leur sexe amplement. Petit à petit, mon sang commençait à bouillonner et un *certain muscle* se réveillait dans mes pantalons courts. Volens nolens[1], je cherchais l'amitié des filles. J'avais à peine huit ans quand je suis devenu le *fiancé* de ma voisine Florica. On jouait couramment des scènes où on imitait la vie des adultes. Parfois, ceux-ci tombaient dans nos pièges, comme le père de Florica qui savait déjà quelle terre on me donnerait si on arrivait un jour aux vraies noces.

En soirée, accompagné de quelques amis, je me dirigeais vers les écuries de la mairie. On admirait ensemble les étalons pur-sang et les taureaux blancs à l'heure de leurs amours. Mais le spectacle le plus

---

[1] Du latin, qu'on le veuille ou non.

excitant se passait à la rivière Teuzi. C'était là que les filles se baignaient toutes nues. Quelques-unes étaient si belles qu'on pensait aux contes de fées. Je me cachais dans un buisson au bord de la rivière et j'y restais jusqu'au moment où la dernière fille partait pour la maison. Autrement, j'aurais pu être puni pour mon indécence.

Vers l'âge de dix ans, je connus Anna, une belle fille aux yeux verts comme le jade. Un jour, nous essayâmes de faire l'amour dans l'étable, sur une botte de foin. Nous fûmes surpris par sa sœur aînée qui nous chassa à l'aide d'une verge.

Plus tard, étant déjà élève à l'école secondaire, je fus amoureux de Stella, une brune aux yeux noirs. Je l'aidais en français, nous jouissions de la vie ensemble, nous rigolions tout le temps... Un été, nous étions allés à la rivière Teuzi. Nous nous étions déshabillés et nous avions commencé à nager d'un bord à l'autre. Comme par hasard, nous nous sommes rencontrés au milieu de la rivière. Je l'embrassai et elle répondit chaleureusement à mes avances. Nous étions sortis sur la rive gauche. Je l'embrassai de nouveau et elle s'abandonna à moi. Mon initiation était alors chose accomplie...

Maintenant, c'était Diana qui me manquait énormément. Ce *mur de silence* m'avait coupé totalement de ma chère Diana. J'étais certain qu'elle n'était pas au courant de mon drame et de l'immense souffrance que j'éprouvais depuis ma disparition de Brasov.

Tu es la plus belle et il n'y a que toi qui compte pour moi, m'adressais-je à cette image qui m'accompagnait jour et nuit dans ma misérable cellule de réclusion.

Quelqu'un était entré en tapinois dans la cellule. Il fallut me tirer de mon rêve.

— Les douze mois de réclusion sont terminés, citoyen! me dit le vieux gardien.

— Ça change quoi? répondis-je.

— Aujourd'hui, vous avez droit à votre première heure de promenade. Cet après-midi, le coiffeur pour hommes viendra. Et maintenant, suivez-moi!

Je sentis que ma vue avait diminué quand j'arrivai dans la grande cour rectangulaire de la prison. Les autres détenus me reçurent avec sympathie. Ils étaient prêts à me prendre dans leur cercle, à me demander des nouvelles de ma santé, à m'encourager, à m'approvisionner en cigarettes et en papier pour écrire. Tout le monde y passait (à part les détenus de droit commun). On savait que l'isolement était le

106

plus difficile examen. Ceux qui s'en sortaient avec l'esprit vif étaient rares. S'évader de la réclusion, de la prison, était absolument impossible. Je me cassai la tête des mois et des mois avec cette hypothèse. Le système de surveillance était sans faille...

Je ressemblais, à ce moment-là, à un véritable ermite. Mes cheveux longs dépassaient largement mes épaules. Ils ne m'avaient permis d'avoir aucun instrument pour me raser et couper mes cheveux. J'avais été enfermé sans être jugé: donc, ils avaient eu peur au suicide. D'autre part, ils n'avaient pas voulu m'envoyer le coiffeur qui aurait pu me parler...

Je marchais à peine. On aurait dit que j'avais vieilli de dix ans en douze mois d'isolement. J'avais presque perdu l'usage de la parole en écoutant mes mémoires. Je me sentais très gêné au fur et à mesure que je m'approchais de ces gens inconnus que je voyais pour la première fois de ma vie. Pourtant, plusieurs me paraissaient distingués; d'autres me paraissaient méfiants, fermés ou égarés d'esprit. Doit-on dire que j'avais perdu mon sens de communication? Pas du tout. C'était plutôt un état de choc, dû à la fin de ma réclusion. Je savais que, d'un moment à l'autre, je devrais redevenir l'homme aimable et charmant d'antan. Au fond, nous étions tous touchés, d'une manière ou d'une autre, par les tentacules de la pieuvre rouge. C'était elle qui avait bouleversé nos destinées, qui nous avait causé tant de mal.

En regardant un groupe, ma mémoire fit un bond dans le passé: je reconnus trois personnes importantes de mon village natal, malgré leurs *uniformes rayés* et leur état physique désastreux. C'était le prêtre Poleacu, le docteur Abrudan et le percepteur Teretean. Le père Poleacu était notre voisin et le cousin de mon père; le percepteur Teretean avait son siège juste à côté de notre maison, tandis que le docteur Abrudan était notre ancien locataire.

Tous étaient membres de l'ancien Parti National Paysan. C'était le père Poleacu qui en était le président local. A cause de cela, tous s'étaient rassemblés chez lui à l'occasion du quatrième anniversaire de la République Populaire Roumaine: ils voulaient tous protester à leur manière. A minuit, ils se mirent à chanter l'hymne Royal en l'honneur du roi Michel Ier, obligé d'abdiquer par un ultimatum envoyé par Gheorghe Gheorghiu-Dej, le 30 décembre 1947.

C'était une fin de décembre assez chaude et la prêtresse avait ouvert une fenêtre assez largement. Ce fut par hasard ou pas qu'un certain Zuh y passa. Il entendit l'hymne Royal, il s'arrêta, il regarda à l'intérieur pour identifier les personnes impliquées et rapporta sur le champ l'événement à la *Securitate*. Le père Poleacu avait une voix de tonnerre que j'avais entendu de ma maison.

Le père Poleacu, le percepteur Tereteanu et le docteur Abrudan furent arrêtés la nuit suivante. Ils furent amenés vers une destination inconnue, jugés et condamnés à quinze ans de prison pour une chanson. Tous leurs avoirs furent confisqués et leurs familles furent obligées de quitter leurs propres maisons.

Je me dirigeai vers le père Poleacu, dont la voix de baryton n'était pas du tout changée.

— Bonjour, père Poleacu, lui dis-je en souriant.

— Que la paix soit avec toi! me répondit-il.

— Est-ce que vous me reconnaissez?

— Il me semble que oui, répondit-il avec une certaine méfiance.

— D'après mes parents, je m'appelle Goldis et Poleacu. Donc, vous êtes mon oncle.

— Que Dieu te bénisse, Tili, m'appela-t-il d'après mon surnom.

Il m'embrassa longuement et se mit à pleurer. Le percepteur Teretean et le docteur Abrudan, à leurs tours, me serrèrent dans leurs bras.

— Comment es-tu arrivé ici? C'est un vrai mystère pour moi, reprit le prêtre Poleacu. Ma fille, Monica, m'avait visité, exceptionnellement, il y a deux ans. Sais-tu ce qu'elle m'avait dit?

— Je le suppose: que j'étais un bon journaliste à *La voie du socialisme* de Deva.

— C'est exact.

— Et bien, je ne le suis plus.

— Je comprends: ils t'ont «débarqué».

Ces retrouvailles m'avaient comblées. Grâce à eux je réussis à entrer en liaison avec tout ce monde pas comme les autres. C'était là, une concentration d'hommes intelligents, instruits et aimables. Parfois, ils s'appelaient entre eux *Monsieur le ministre, Monsieur l'académicien, Monsieur le Prince héritier, Monsieur le Docteur* ou *Monsieur le Poète*.

Etant donné mon origine campagnarde, je me sentais un peu gêné en telle compagnie. Je n'osais pas m'engager dans une discussion avec eux. Il a fallu quelques semaines avant que je commence à monter sur la *scène*. Il me faisait plaisir de discuter de littérature, de théâtre, de philosophie, d'économie politique et d'autres sujets. Souvent, les discussions animées s'échauffaient: il y avait tant de vrais *tribuns* qui étaient capables de parler pendant deux heures sur une métaphore de la poésie de Lucian Blaga[1]. Quelquefois, le dimanche matin, s'engageaient des discussions et des polémiques sur *Le rire dans l'œuvre de Ion Luca Caragiale*[2] ou sur la philosophie qui se dégage du poème *L'étoile du Berger* de Mihai Eminescu[3].

Cette fois, j'avais des adversaires à ma mesure. Il y en avait quelques-uns qui me dépassaient par la finesse de leurs arguments, par leur instruction supérieure et approfondie, par leurs expériences antérieures. En luttant contre le péril de la folie, nous nous instruisions, nous nous perfectionnions. Les mots passaient d'homme à homme, de bouche à oreille, comme par une estafette invisible. Les murs et les haillons nous servaient de tableau noir à l'orthographe du français et de l'anglais. On faisait même de la dictée lorsque nous avions un peu de papier.

On apprenait surtout par voie orale. Un ancien ministre ou professeur universitaire s'approchait de moi ou de d'autres détenus et nous proposait une conversation en français. La préparation en commun d'une dictée, donnait parfois quelque chose à apprendre. On prenait un texte en français bien caché des yeux de la *Securitate*, disons: «Soir d'automne à la campagne». On évitait tout sujet qui pouvait avoir une connotation politique. On attirait notre attention sur les traits d'union dudit texte: l'après-midi, une demi-obscurité. On attirait notre attention sur les accents circonflexes (voyelles longues): traîné, clôture (mais clore, enclos), même, tête; on nous expliquait que le circonflexe, tant haï par les élèves, représentait un «s» autrefois, île par exemple. On continuait avec l'orthographe grammaticale.

De ce point de vue, j'aimais de tout mon cœur les anciens et j'en profitais. J'étais, par contre, malheureux lors des querelles politiques, parfois détestables. Au fond, aucun parti n'était coupable de l'acte du 23 août 1944. A mon avis, on devrait toujours penser à la conjoncture historique, à la présence de l'armée soviétique, à la lenteur et à l'indécision de l'Ouest à l'occasion des négociations secrètes entre les *Alliés*.

---

[1] Poète et philosophe roumain de Transylvanie mort vers le début des années 70.

[2] Dramaturge roumain, 1852-1912.

[3] Notre poète national, 1850-1889.

Peut-être étais-je encore jeune. Je n'avais pas leur expérience (qui est toujours un capital dont on doit tenir compte). Le bon sens m'obligeait à rester sur le côté. Je me retournais toujours vers mes concitoyens qui étaient d'avis que mon tour arriverait un jour.

Presque deux ans s'étaient écoulés depuis ma mise aux fers. Je restais toujours un numéro oublié par l'instance judiciaire. Toutes mes protestations à l'administration de la prison étaient restées sans réponse. Les drames se passaient dans un anonymat presque parfait...

Je m'affolais à la pensée que je pourrais faire à nouveau connaissance avec les *isolés*. Je renonçai à protester. A la vague de silence, j'avais répondu par une indifférence totale. J'étais heureux de ne pas être malade, ni de corps, ni d'esprit. Un beau matin, je fus appelé à la direction de la prison.

— Vous êtes libre, citoyen Goldis!, m'annonça le directeur de l'établissement.

— Libre? répétai-je incrédule.

— Ai-je l'air de plaisanter?

— Il me semble que non...

— Votre dossier a été classé.

— Comme je suis heureux.

— Le procureur nous a dit que vous aviez assez payé pour deux mots irréfléchis à l'adresse de l'Union Soviétique.

— Il y a donc des hommes qui peuvent penser autrement...

— Vous avez de la chance qu'il (le procureur) soit né en Bessarabie. Pour ma part, je vous conseille de vous calmer. Prenez un bon bain et récupérez vos habits civils. Mais je vous avertis: vous aurez des problèmes dans la vie civile. Il y en a qui seront mal à l'aise parce que vous avez été emprisonné, peu importe si vous étiez coupable ou non. Bonne chance, citoyen Goldis!

J'étais tout confus. J'avais des tremblements dans la voix. Mon dossier fut classé dans les jours suivants. Me voilà donc considéré comme *un cas retenu à des fins de recherches*... Je me pinçai le visage pour voir si je ne rêvais pas... Bien mieux! J'avais le vent dans les voiles. Dans quelques heures, je serais loin de cette prison effroyable. Et comme je désirais cette liberté! Elle était devenue une sorte d'obsession qui me broyait comme un vent solaire. Le père Poleacu, le percepteur Tereteanu et le docteur Abrudan apprirent la nouvelle avec un grand soulagement. Quand même, je lisais dans leurs yeux une certaine tristesse. Ils me confièrent de longs messages pour leurs familles.

«Aimez vos ennemis et priez pour ceux qui vous persécutent, afin que vous deveniez les fils de votre Père qui est dans les cieux. Car il fait lever son soleil aussi bien sur les méchants que sur les bons; il fait pleuvoir sur ceux qui agissent bien comme sur ceux qui agissent mal[1]», me dit le père Poleacu. Ils m'embrassèrent longuement.

Je fis mes adieux à d'autres collègues de souffrance. Chacun voulait transmettre des nouvelles à l'extérieur: je mémorisai des adresses, des noms... Je récupérai mes habits qui sentaient la moisissure, puis je pris ma douche. On me remit un billet de train de deuxième classe et je partis, comme Lot, sans regarder en arrière.

Eloigne-toi de moi, Satan![2], pensai-je en me dirigeant vers la gare. J'étais fou de bonheur. Si cela m'avait été permis, j'aurais embrassé chaque homme que je rencontrais sur mon chemin. J'avais perdu contact avec la vie extérieure. N'ayant pas été jugé, je n'avais eu droit ni au parloir, ni de recevoir des lettres. Je n'avais lu ni livre, ni journal, ni revue. Je n'avais vu aucun spectacle.

Le printemps était déjà arrivé. Je ne m'en étais pas rendu compte derrière les barreaux. Toute la nature était en fête: le soleil me souriait

---

[1] Mathieu, 5/6.

[2] Mathieu, 17/17.

largement, les fleurs des marronniers, comme *de merveilleux candélabres*, attirèrent mon regard pour quelques instants. Une essaim d'abeilles *nageait* dans son riche pollen. Un chardonneret, assis sur une petite branche, appelait assidûment sa compagne...

Le train devait arriver dans une vingtaine de minutes. Je regagnai le trottoir et je me dirigeai en toute vitesse vers la gare. J'attendis calmement sur la quai. Enfin, le *rapide* fit son entrée comme un bolide. Puis il s'arrêta à la première ligne. Je montai et je cherchai ma place. J'avais demandé une place au bord de la fenêtre afin de pouvoir regarder les paysages. Une belle femme était déjà assise sur l'autre banquette. Je la saluai. Elle me répondit en souriant. Elle avait les dents blanches et les yeux bleus.

— Maria Dunareanu, se présenta-t-elle.

— Georges Goldis, répondis-je.

— Jusqu'où allez-vous?

— Arad. J'y habite...

— Nous avons le même trajet. Je vais visiter ma sœur qui est mariée, là-bas.

— Tant mieux. Je pourrai être votre guide...

— Volontiers.

Le voyage fût très agréable. Je dois reconnaître que madame Dunareanu m'avait bel et bien excité. Mais j'avais d'autres chats à fouetter et je maîtrisai toute intention qui aurait pu me pousser dans une aventure amoureuse.

A la maison, je fus reçu avec des larmes et des baisers, comme si j'étais ressuscité d'entre les morts.

On avait prétendu que j'étais mort sur un chantier de détenus à Dobrogea[1]. Quelqu'un était venu et avait dit que, probablement, j'avais été déporté en Sibérie. Quand un ancien collègue de Brasov avait expédié à mes parents quelques habits et livres, on avait cru à nouveau que j'étais passé au royaume des ombres. Le manque d'informations et de communication était tellement vicieux qu'on pouvait croire n'importe quoi. C'était une arme psychologique terrible entre les mains des oppresseurs.

Je vécus quelques jours en compagnie d'anciens amis d'enfance et d'école. Ils vinrent tous les jours, tant que l'eau-de-vie et le vin

---

[1] Province située entre le Danube et la mer Noire.

114

coulèrent en quantité suffisante. Puis, soudainement, ils commencèrent à disparaître comme si j'avais le virus du choléra. Quelques-uns occupaient déjà de bonnes places à l'intérieur de la *nomenclature*: peu de travail, les plus gros salaires.

Je fus profondément impressionné par la fragilité du sentiment que les hommes appellent l'amitié. J'avais l'esprit large et cette attitude me cassait le moral. Ça tombait mal.

Ma déception fut encore plus grande quand je commençai à chercher du travail. J'avançais vraiment contre le vent! J'entendis dire qu'on offrait dix emplois de serruriers à la fabrique de wagons. L'école technique m'avait donné cette spécialisation. Je me présentai, enthousiasmé, au service du personnel. On me confirma tout de suite que l'usine avait vraiment besoin de serruriers: une nouvelle commande de l'étranger venait d'arriver. Je passai un examen pratique je réussis bien. On me donna tous les papiers qu'il fallait remplir.

— Il faut que vous écriviez d'abord votre autobiographie, souligna le chef du personnel. On veut tout savoir sur vous et vos proches. Puis vous compléterez la demande-type. Quand vous aurez fini, déposez vos papiers dans cette boîte-ci. Revenez demain. Vous avez de grandes chances d'être embauché dans notre usine.

Je m'assis à une table spéciale et j'écrivis chaque étape de ma vie, par ordre chronologique, sans aucune omission. J'expliquai en détail la mésentente concernant la *pieuvre soviétique* et la suite.

— Mon dossier a été classé et je n'ai aucun casier!, disais-je à la fin de mon autobiographie.

Le lendemain, je fus très surpris quand le même chef du personnel m'accueillit avec une mine hostile.

— Il n'y a pas d'emploi, citoyen! (Connaissait-il la Révolution Française?)

— Ce n'est pas possible! J'ai passé l'examen pratique, j'ai déposé ma demande le premier et, de ce fait, je devrais être le premier à être embauché. Les emplois se sont-ils évaporés pendant la nuit? Je sais que le droit au travail est sanctionné dans la Constitution!

— C'est très juste, citoyen! Sauf pour les ennemis du régime!

— D'où savez-vous que je suis l'ennemi du régime? éclatai-je avec une colère à peine retenue.

— Vous avez été retenu deux ans à des fins de recherches, vous avez dit des mots inadmissibles contre l'Union Soviétique. A mon avis, vous n'avez rien en commun avec nous!

— Qu'est-ce que je dois faire?

— Cherchez un emploi chez Eisenhower. Vous êtes un impérialiste!

— Je vous réclame au président de la République...

— Faites-le au plus vite. C'est lui qui nous a donné de tels ordres...

— Que le diable t'emporte! lui dis-je en sortant de son bureau.

Le refus essuyé à l'usine de wagons se répéta cent fois, comme s'il avait été reproduit par un appareil. Je visitais vingt entreprises par jour en moyenne. Que d'usines et de fabriques partout! J'aurais pu gagner mon pain n'importe où. Mais mon autobiographie annulait toute espérance de travail. J'aurais pu la modifier, cela m'aurait avantagé pour le moment. Mais, à la longue, ils auraient découvert la vérité, et ils m'auraient chassé immédiatement.

Vers la fin de la journée, je prenais ma bicyclette et quelques sacs vides. Je m'arrêtais aux périphéries de la ville à la recherche de mûriers. Ma mère élevait des vers à soie et je devais cueillir une part des feuilles qui servaient à les nourrir.

Une fois, je montai dans un mûrier immédiatement après une averse. Soudainement, je me sentis glisser comme un projectile vers le bas du tronc. Je m'arrêtai brusquement: mes pantalons étaient accrochés au bout d'une branche. Je restai ainsi suspendu quelques minutes avant de pouvoir me sauver d'une chute qui aurait pu être fatale.

Finalement, il ne me restait qu'une seule solution: celle d'aller, chaque matin, à la porte du dépôt de locomotives. Là, je trouvai, par un matin de juillet, l'ingénieur Vitelescu, mon ancien professeur, maintenant chef du dépôt.

— Bonjour, camarade professeur, osai-je.

— Bonjour, Goldis. Quel vent t'emmène chez nous?

— C'est le vent du désespoir, camarade professeur.

— Comment cela? demanda-t-il.

Je le suivis et nous entrâmes dans une grande chambre, meublée à l'ancienne.

— Assieds-toi, Goldis!

— J'espère que vous ne me refuserez pas du travail, dis-je, tentant ma chance.

— Va vite à la visite médicale!

— Et l'autobiographie, les questionnaires?

— Tu commences demain.

— Qu'est-ce que va dire le chef du personnel? Il m'a déjà renvoyé plusieurs fois.

116

— Je me fous de lui, c'est un semi-docte ordinaire! Ecoute, je ne peux pas laisser un homme mourir de faim, quel qu'il soit. D'autant plus s'il s'agit d'un de mes meilleurs élèves.

— J'ai lu tes articles dans *L'Etincelle*. Un ennemi du peuple ne peut jamais écrire avec tant de chaleur. A vrai dire, les locomotives sont réparées par des hommes et elles sont conduites par des hommes. Elles ne circulent jamais avec des mots d'ordre concernant la vigilance révolutionnaire. Je veux croire que je suis le seul chef dans cette entreprise et j'en dispose à mon gré. Des hommes, comme moi, font marcher le chemin de fer.

— Je n'ai pas de mots pour vous remercier, répondis-je les larmes aux yeux.

— Je fais mon devoir d'homme, c'est tout! Je vois autrement l'édification de la nouvelle société. Je me permets, quand même, de te donner un conseil d'ami: fais attention à qui tu parles, de quoi tu parles et de qui tu parles.

— Je suivrai religieusement vos conseils, camarade professeur...

L'attitude courageuse et généreuse de mon ancien professeur venait de mettre fin à une partie de mon calvaire. Je savais cependant que d'autres épreuves m'attendaient.

Diana Adamescu s'était mariée une semaine avant ma libération. La nouvelle de son mariage me frappa si durement qu'elle annihila toute la joie éprouvée lors de mon embauche...

Pendant quelques temps, j'eus l'impression que je perdais la tête. J'étais prêt à monter dans le premier train pour aller jusqu'à Deva, armé d'un grand couteau. Je désirais tuer la traîtresse Diana, par une nuit de pleine lune.

Et toi aussi, Diana...! dis-je dans un état de colère épouvantable. Pourquoi voulais-je que cette fille m'ait attendu? Depuis deux ans, je ne lui avais donné aucun signe de vie. C'était normal qu'elle ait cru que j'étais parti avec une autre, plus belle et plus intelligente. Et puis, est-ce que je savais ce qu'on avait dit de moi pendant ma si longue absence? Parfois, le silence cache une certaine réponse. Il était également possible que Diana soit, à cette heure, la plus malheureuse épouse au monde. Peut-être que chaque soir elle embrassait ma photographie, qu'elle l'arrosait de ses larmes, qu'elle la cachait de la jalousie de son mari. L'âme peut cacher ses vrais sentiments mieux que le fond des océans. N'accuse pas Diana, me dis-je, d'une faute dont elle est innocente? Qu'est-ce que tu aurais fait à sa place?

Le journaliste Teodor Olariu m'avait dit toute la vérité concernant le mariage de Diana.

— Elle était membre du Comité municipal de l'Organisation de la Jeunesse. On lui ordonna, avec dureté, de te dire adieu, car tu avais pactisé avec l'ennemi de la classe ouvrière et tu avais dévié gravement de la ligne du Parti.

Ma rentrée au dépôt de locomotives fut moins dure que je l'avais prévue. Le fait que j'avais beaucoup souffert et que j'avais osé dire *pieuvre soviétique* dans une école du Parti se propagea comme un coup de foudre.

A part une minorité privilégiée, ces hommes vêtus de vêtements tachés de suie et d'huile brûlée venaient tour à tour me serrer la main. Ils le faisaient avec vigueur et discrétion, comme un signe certain de solidarité ouvrière. Bien plus, le chef d'équipe, Ilie Bulboaca, qui m'avait connu pendant ma période de pratique, m'embrassa longuement et me dit d'une voix claire:

— Dieu des salopards! Tu as dit une chose extraordinaire et j'en suis vraiment heureux. Tiens, tiens, on ne travaille plus que selon les méthodes soviétiques de Stachanov ou Nina Nazarova.

— Je suis vraiment touché par votre accueil. On m'avait dit que vous me frapperiez au marteau à cause de mon attitude, dite *anti-soviétique*.

— Pauvre de toi! Tu es notre héros... Nous pourrions plutôt le faire sur la tête de tous ces grands chefs qui nous conduisent *si bien* dans l'œuvre de construction du socialisme. Voilà, je t'embrasse encore une fois comme si tu étais mon fils préféré.

Après un court stage à l'atelier d'outils, je fus transféré dans le lieu de travail le plus dur et le plus sale: la chaudronnerie.

— Je n'ai jamais travaillé à ce métier-là, protestai-je avec véhémence.

— Quelle importance que tu saches ou non? répondit ironiquement le chef d'atelier. Remercie Dieu de ne pas être encore derrière les barreaux. Remercie-nous encore de t'avoir donné un morceau de pain pour que tu ne crèves pas de faim. J'exige que tu respectes la discipline et que tu ne te révoltes jamais. Fais attention, M. Goldis...

Immédiatement, j'accompagnai un chaudronnier d'élite pour *l'excursion intérieure* de la cuve brûlante. Je portais une lampe au gaz qui éclairait d'une flamme jaune-bleuâtre. Cela me rappela mes reportages sur les mineurs. Cette fois-ci, j'étais un simple apprenti. Il fallait que je tienne la lampe assez haut pour que le spécialiste puisse marquer les tuyaux et les entretoises qui coulaient.

— Est-ce que je pourrai devenir un chaudronnier comme toi? demandai-je.

— On apprend le métier en travaillant, en volant quelquefois, me répondit-il. Aujourd'hui un peu, demain plus, après-demain encore plus. Même Dieu n'a pas fait le monde en un seul jour.

Deux semaines plus tard, on m'assigna un poste permanent parmi les meilleurs chaudronniers, pour m'habituer et pour me perfectionner, avec un coup de main de chacun. Il fallait aussi que j'apprenne à travailler de la main gauche. C'était un défi de taille. Comment pouvais-je changer des mouvements que j'avais appris depuis mon enfance? J'avais la tête dure, dans le bon sens du mot, je ne lâchais jamais. Je continuais, à la maison, l'exercice commencé au travail. Certains riaient de moi, de mes maladresses. Tant pis pour eux. Je gageais sur ma main gauche.

Ma journée de travail commençait de bonne heure. Je me munissais des outils nécessaires et j'entrais dans une chaudière encore brûlante. La présence des gaz de combustion rendait la respiration difficile. Je transpirais abondamment. La locomotive devait être prête à la fin de la journée. J'introduisais le mandrin dans le tuyau qui coulait, je serrais mon outil plusieurs fois jusqu'au moment où je voyais la dernière larme de la plaque tubulaire disparaître. Quoique ma chemise était baignée de sueur, je me donnais à mon travail avec une passion totale. Cette philosophie m'avait aidé à réussir dans n'importe quel domaine.

A côté de moi, un ancien activiste du Parti dormait et ronflait comme un sapeur.

— Réveillez-vous, s'il-vous-plaît. Il faut que nous allions à la cantine, lui dis-je.

L'ancien activiste du Parti se réveilla à grand peine, essuya son visage en sueur. Mais il lui fallait prouver qu'il avait travaillé. Pour cela, il enduisit de suie son visage et ses mains. On aurait juré qu'il avait travaillé plus que les autres. Sa photographie était depuis longtemps exposée au tableau d'honneur.

A quinze heures, j'étais rompu de fatigue. Mes habits, mon visage, mes mains, tout était noir comme la nuit. J'avais ensuite besoin d'une heure pour enlever une telle saleté. Pourtant, j'étais heureux qu'un nouveau jour se soit bien passé. J'étais fier d'avoir travaillé irréprochablement.

Autrement dit, la vie parmi les chaudronniers n'était pas aussi triste qu'on pouvait le penser. A l'exception de l'ancien activiste du Parti et du chef d'équipe, tous les autres étaient de braves garçons. On partageait souvent une dernière cigarette ou un dernier morceau de lard ou de pain. Pendant les petites pauses, les chaudronniers se faisaient de très bonnes blagues. Ils me faisaient rire aux larmes.

Lorsqu'ils avaient de l'argent de poche, ils m'emmenaient avec eux prendre une bière fraîche au restaurant *Le Vautour* dans le vieux quartier *Gradiste*. Devant ces grands verres de bière, on oubliait, pour un moment, la misère indescriptible dans laquelle nous travaillions, les salaires si misérables dont nous vivions à peine, les mille et mille parasites entretenus par notre travail, la soupe insipide et incolore qu'on mangeait à la cantine...

Sans doute, pensai-je en buvant ma bière et en me détachant de mes compagnons, que la vie routinière de l'ouvrier, elle, a peu changée. Personne n'a réussi à l'éloigner du bistrot. Il le préfère encore aux stades et aux maisons de culture. Dans ces lieux, on fait trop de propagande autour du sport et de la culture. Or, l'ouvrier, lui, est toujours écœuré par la politique et la propagande. Voilà pourquoi il se dirige vers le bistrot où personne ne l'oblige à consommer les mots d'ordre et les nombreuses inepties des nouveaux dirigeants du pays.

En les regardant attentivement à cette table ou au dépôt, il me semblait voir tous les mouvements de l'âme humaine: joie, tristesse, douleur, audace, crainte, envie, jalousie, honte, pitié, admiration.

Répétons-le, ils livraient un combat sans relâche, uniquement pour leur survie!

L'ouvrier Petru Feraru approcha sa chaise de la mienne. Il avait une intelligence claire, rapide, souple et pénétrante. Il allait directement au fond des choses.

— La conscience passe par l'estomac, me dit-il. En vain, ils me disent que je suis le propriétaire de toutes les usines, fabriques, mines et banques du pays. Quelle sorte de propriétaire suis-je? Je n'ai pas un mot à dire sur mon salaire, je ne peux même pas prendre une décision en ma faveur. Ils parlent tous de nos grandes réalisations, de notre rythme élevé de développement, de la supériorité du régime socialiste. Mais permets-moi d'être incrédule: je crois seulement ce que je vois et ce que je touche. Presque tout mon temps libre, je le sacrifie à faire la queue. C'est à croire que nous sommes toujours en temps de guerre. Quelqu'un ment et mystifie toute la Roumanie. Alors, tu comprends pourquoi je m'arrête devant un verre? Fais comme moi, toi aussi. Ne prends pas tout au tragique. Depuis que le monde existe, rien n'a vraiment changé. Les uns conduisent, les autres sont conduits. Bonne chance, Georges! Mais vide ton verre. Tu n'es pas une fille! m'invita-t-il en levant son verre.

— Au petit bonheur, Petru! Je te souhaite une situation meilleure.

— Jamais, Georges. Peut-être quand les poules auront des dents. C'est Dieu qui a détourné son visage de nous.

L'écriture, c'était ma vie. C'était entré dans mon sang comme un microbe. Faute d'écrire, j'étais souvent déprimé, nerveux et personne ne pouvait me distraire. Sauf le travail au dépôt, qui me plaisait de plus en plus, toute autre activité m'ennuyait.

Un après-midi, je retournai à la maison rompu de fatigue. Je plongeai sur un vieux fauteuil question de me reposer un peu. Notre maison était bien fraîche à cause de ses vieux et gros murs. A ce moment-là, ma mère entra avec des pas de feutre. Il me sembla qu'elle avait un air mystérieux et gêné... Je vis qu'elle avait dans ses mains quelques papiers, écrits avec des lettres maladroites.

— Ne te fâche pas contre moi, Georges, commença-t-elle. J'ai écrit un conte dont l'action s'est passé chez nous il y a longtemps. J'ai entendu ma grand-mère qui était servante sur les terres du comte Csomos le raconter. Peut-être seras-tu plus joyeux quand tu l'auras lu.

Elle me tendit ses papiers et repartit aussitôt.

Je pris son manuscrit et commençai à le lire avec une attention toute particulière. C'était un conte merveilleux, plein de dynamisme, écrit dans un style oral, qui pouvait cogner le lecteur autant qu'un discours...

Bon Dieu! Comment avais-je oublié que ma mère était la fille de ma grand-mère Fiica, la maîtresse incontestée des contes! Une suite d'analogies se clarifia dans ma tête. Sans doute, le don était-il là, dans la famille. Il se propageait, comme une sorte d'onde invisible, d'une génération à l'autre.

Cet élément changea définitivement mon optique. L'espérance, pensai-je, le manuscrit de ma mère en main, est la seule chose que personne ne peut me prendre. Je ne l'avais jamais perdu quand j'étais enfermé dans ma cellule de réclusion. Aucune dictature n'a été fondée pour l'éternité, de l'empire de Darius à l'empire rouge soviétique. Malgré tout, j'étais un homme de la Cité; je devais témoigner pour mon temps, coûte que coûte.

Maintenant que je ne suis plus *éligible* à écrire et à signer des articles dans les journaux, que je suis suspendu indéfiniment, c'est tant mieux: qu'ils utilisent à ces fins tous les «semi-doctes»...

Apprendre l'art d'écrire de la bonne littérature et du bon théâtre, représente un long chemin à parcourir. C'était plus qu'un défi. Il fallait reprendre tout du début; j'en étais capable.

Allons-y. Je voulais mettre en fonction mes deux moteurs *essentiels*: l'amour et la haine. Il fallait que je reprenne mes incursions dans la littérature universelle et dans le théâtre, de Sophocles à Ionescu.

Cette fois, je devais lire d'après une méthode appliquée, efficace. Je devais lire peu mais bien; je devais surtout comprendre la pensée des auteurs et me familiariser avec les principes de composition et de style. Je devais m'habituer à lire avec un dictionnaire sur ma table: un mot qui restait incompris devenait une tache noire dans mon cerveau. Enfin, je devais apprendre à lire la plume à la main. Je devais toujours noter les références, les passages qui me frappaient, qui éveillaient en moi des résonances. Je devais noter aussi mes réflexions personnelles.

C'était le théâtre que j'aimais le plus lire et voir sur scène. Une série de héros et d'héroïnes se succédaient devant mes yeux. Quelques uns m'étaient connus; j'en rencontrais d'autres pour la première fois; j'en aimais certains de tout mon cœur; j'en haïssais d'autres; je plaignais les pauvres; j'empruntais les traits de caractère de ceux qui étaient bons et honnêtes. Parfois, je me demandais si certains personnages étaient toujours d'actualité.

En voyant tant de Roumains qui s'étaient transformés en robots à cause de leurs situations confortables, je pensais à Antigone, cette héroïne qui avait risqué sa vie pour rester elle-même.

Ma rencontre avec William Shakespeare fut accablante. Je m'émerveillais de découvrir comment ce sorcier anglais avait pris son creuset pour y introduire tout ce qui s'était fait avant lui; puis d'y avoir ajouté son génie... A la fin des fins, il mit en scène la vie la plus authentique. J'aimais beaucoup Hamlet; *être ou ne pas être*, c'était l'absurde de la vie suivie par la mort, l'impossibilité de réalisation totale de l'homme dans son court séjour sur terre.

Mais le personnage qui m'apparaissait le plus contemporain portait le nom de Iago. C'est lui qui m'avait fait le plus grand mal possible. Il était ressuscité et il avait pris forme en Lelenka, Peter, Nagy, Jianu, Preda, Balay et les autres qui m'avaient envoyé en prison.

Iago était *l'Ombre Rouge, les tentacules de la pieuvre rouge*. Il était omniprésent parmi les rédacteurs des journaux, dans les usines et dans les chantiers, aux noces et aux enterrements, dans les églises et dans les synagogues. Il paraissait être le plus aimable, le plus altruiste, le plus instruit, le plus acharné contre la dictature. Je le voyais encore au dépôt, personnifiant l'ancien activiste de Parti, Halga Lazar, et d'autres communistes capables de dénoncer leurs mères et leurs pères si les intérêts du Parti le leur demandaient.

Macbeth était pour moi l'expression de la lutte pour le pouvoir absolu. Les moyens n'importent jamais. La perfidie avec laquelle il avait écarté ses adversaires anticipait Staline. Et, pourquoi pas, Gheorghe Gheorghiu-Dej! Je le considérais capable du meurtre de Lucrèce Patrascanu, le seul démocrate au Comité central que j'avais connu à Cermei pendant mon enfance.

Ce n'était pas par hasard si plusieurs personnages de Molière étaient d'une actualité étonnante. Il y avait seulement changement de décor. Le Tartuffe avait vite compris que l'Eglise n'était pas une affaire rentable pour le socialisme. Tout d'abord, il était devenu membre du Parti, puis, activiste de base ayant d'importantes fonctions dans la *nomenclature*. Un jour, il était venu au dépôt pour combattre le culte de la personnalité de Staline. Il monta à la tribune improvisée dans la grande salle des festivités:

— Je condamne le culte de la personnalité de Staline, nous dit-il avec l'air d'un homme sincèrement en colère, il n'y a ni surhommes, ni maîtres géniaux du prolétariat. Il faut sortir de votre bibliothèque tous les livres écrits par Staline! (O mon Dieu, pensai-je). Malgré tout cela, je ne peux m'abstenir de crier de tout mon cœur: vive le camarade Gheorghe Gheorghiu-Dej, le fils le plus aimé du peuple roumain, l'éminent combattant pour la victoire du socialisme en Roumanie et dans le monde entier...

A la fin de son discours, il descendit parmi les ouvriers dans son costume de coupe ouvrière. Il me serra la main en souriant aimablement. Par manque d'informations, il ne savait pas qu'il venait de *pactiser* avec un ennemi du socialisme.

En fin de compte, il demanda la permission au chef de dépôt de monter sur une locomotive qui sortait de l'atelier. Il voulait accompagner le mécanicien jusqu'à la gare.

Riche de mes lectures, de mes réflexions et de mon vécu, je me proposais d'écrire une pièce satirique qui tournerait en ridicule les salauds. Les grands maîtres de la satire m'avaient appris les moyens d'expression et les traits de caractère de ce genre de personnages.

Les détournements et les vols de la richesse publique ou personnelle étaient devenus un fléau dans les années 60. J'avais l'ambition de devenir le Vlad Tepes (dit Dracula) de l'écriture, croyant que je contribuerais à l'assainissement social et moral de la Roumanie d'après-guerre. Les premiers éléments d'information, je les avais obtenus d'un collègue de prison, Petre Molicariu. C'était un professionnel du vol. Il avait une physionomie d'humoriste.

Je continuai à me documenter au tribunal de la ville. Ce fut ma cousine Delia Poleacu, une jeune avocate, qui mit à ma disposition une foule de dossiers concernant les vols.

Le titre que je choisis pour ma première pièce s'inspirait d'un fabliau populaire: *Le chat sorti du sac*. L'action se déroulait de *nos jours*, dans un cadre de vie propice aux vols et aux affaires douteuses: celui du commerce de l'Etat et du coopératisme. On y volait comme dans un bois, on y trafiquait des affaires ignobles avec des marchandises rares, mais très recherchées par les consommateurs. La même marchandise était compté deux ou trois fois, selon le cas, à l'occasion des inventaires; on avait même souvent un excédent de quelques milliers de lei.

Le personnage principal était le chef du magasin universel. Il vivait mieux qu'un ancien comte du temps jadis. Les parties de plaisir organisées dans sa ville, construite sur le bord de la rivière Strei ne cessaient jamais. Un acte de la pièce s'y déroulait. Les caissières et les vendeuses étaient devenues ses amantes. Personne ne soufflait mot. C'était un environnement totalement corrompu. Les chefs, venus du district ou de la région, trouvaient toujours les marchandises les plus rares et d'une qualité supérieure à celle des autres magasins. Cela lui avait fait une très bonne réputation.

Mais le personnage que j'avais eu le plus de plaisir à mettre en scène, et qui était le sel de la pièce, était la copie conforme de mon ancien collègue de prison, Petre Molicariu. Je l'avais conçu comme *la main droite* du chef de magasin. Il avait toujours une peur bleue d'un vrai contrôle. Je l'avais doté d'une grande seringue avec laquelle il extrayait le contenu des bouteilles des boissons les plus chères pour le remplacer avec de l'eau du robinet. Il ne pouvait être accusé comme faussaire parce que les bouchons de liège semblaient intacts!

Pendant les heures où je travaillais à *la construction* de ma pièce, je m'isolais du monde hostile et dur qui m'entourait. Je vivais avec mes héros, je les condamnais ou je les plaignais.

Je rêvais au jour où ma pièce serait jouée à guichets fermés, à cet instant d'éternité où les applaudissements éclateraient et où le public me réclamerait: «L'auteur, l'auteur, l'auteur!»

Dans mes rêves, je voyais la date de la première, le nom du metteur en scène et des acteurs; Ion Negoiescu, Olimpia Didilescu, Ion Copacea[1] et d'autres qui interprétaient tel ou tel rôle. J'avais déjà ma propre conception de la mise en scène, sans parler de mes futurs revenus. Dorénavant, je pourrais vivre de ma plume et, pour l'écriture....

Sans doute, étais-je un ingénu incorrigible. Je me réveillais de mon rêve comme un drogué en état de manque. Faut-il dire qu'ils (les communistes) me considéraient encore comme *mort pour la société*!

Que Dieu les foudroye le premier mai prochain!

---

[1] Acteurs du Théâtre d'Arad de l'époque.

—11—

Diana, que j'avais aimée follement, me manquait. En écrivant, je la voyais s'asseoir à côté de moi, comme un ange gardien. J'étais heureux, et ma plume coulait comme un ruisseau de montagne. J'essayais de la toucher, mais elle s'éloignait comme une ombre...

Bon Dieu! je rêvais les yeux ouverts. Je sortais rarement et mon amour s'appelait... solitude. C'était dangereux.

— Allez, c'est le temps de sortir et de t'amuser, me dit ma mère qui suivait de près mon état psychologique. Le monde est plein de belles filles, ajouta-t-elle.

— Tu as raison, maman! La justesse de ton jugement est incomparable. Diana est perdue à jamais. Je vais garder son souvenir dans un coin caché de mon âme. Je vais sortir ce soir, répondis-je.

C'était une chaude soirée d'automne. Je me promenais sur le boulevard que tout le monde appellait *Corso*. Soudain, une femme me prit par la manche droite de mon costume. Je fus un peu surpris. Puis, en la regardant, je me rendis compte qu'il s'agissait de Bubu, ma cousine par alliance.

— Bonjour, Bubu!

— Bonjour, Georges!

— Excuse-moi! J'étais plongé dans mes pensées.

— Je te comprends! Ma tante m'a tout raconté. Ecoute, Georges. Je ne veux pas me mêler de ta vie, mais je voudrais te raconter une drôle d'aventure, vécue par une de mes collègues éducatrices.

— Est-ce que ça me regarde?

— Ecoute la suite...

— Continue, alors...

— Il s'agit d'une fille brune, de belle apparence, distinguée. Arrivée à l'âge de vingt-sept ans, elle commence à avoir peur de rester à jamais vieille-fille. Elle pense de plus en plus qu'il s'agit d'une fatalité. Son frère n'est pas marié à l'âge de quarante ans. Et bien, hier, elle est allée chez une sorcière à Saguna[1]. On dit que cette femme possède un sixième sens, qu'elle descend d'une population purement Dace[2] qui s'est établie à Saguna au début du vingtième siècle.

— C'est fabuleux! répondis-je en souriant.

Je pensais à la drôle d'aventure vécue lors de la recherche du trésor dans le jardin de mon grand-père Mihaï.

— Ne ris pas, Georges! La sorcière lui a prédit qu'elle se mariera avec un jeune homme du nom de Georges! Peut-être que c'est toi!

— Peut-on croire, de nos jours, à une telle prédiction? Les gens se préparent à voler vers les étoiles... Voyons donc, Bubu!

— Sait-on jamais! se fâcha ma cousine. Il y a des femmes dont l'intuition sort de l'ordinaire. Nous connaissons mal nos ancêtres de la Dacie. Leur civilisation était plutôt orale.

— Présente-moi cette fille...

— Demain, à la même heure?

— D'accord.

J'étais curieux de voir si les choses se passeraient comme l'avait prédit la vieille sorcière. J'avais, quand même, un étrange pressentiment.

Ma grand-mère Marie était rien d'autre qu'une célèbre... sorcière. Selon les dires de ma mère, elle avait prédit avec précision le jour de sa mort, le nom d'une des trois épouses que mon grand-père Ion aurait après sa mort, et même le nombre d'années qu'il lui survivrait.

Parfois, je voyais venir les mauvais coups. Pourtant, une sorte de paralysie m'empêchait de me défendre. J'étais dominé par l'idée qu'il s'agissait d'une fausse perception. Le marxisme avait semé le doute dans mon âme de neveu de sorcière. Malgré tout ce qui m'arrivait, j'étais encore optimiste.

J'allai au rendez-vous, comme prévu. La surprise fut totale. Je connaissais cette fille depuis mon adolescence. Les élèves de mon école technique s'étaient jadis réunis avec les élèves de l'école pédagogique afin de former un ensemble culturel. Je faisais parti du chœur tandis que la fille en question était une très bonne danseuse.

— Est-ce que vous êtes bien Vioara Sirianu? lui dis-je en lui baisant la main.

---

[1] Un village près d'Arad.

[2] Une partie de la population de la Dacie ne s'est jamais mêlée à l'élément roumain.

— C'est exact! me répondit-elle vraiment surprise.

— Vous souvenez-vous de moi?

— Pas du tout.

— Vous étiez la partenaire de danse du gros Ion Ardelean de la quatrième année. J'étais seulement en deuxième année...

— C'est encore exact. Vous avez une bonne mémoire.

— Je vous regardais souvent pendant les répétitions et les spectacles.

— Ah, bon!

— Je vous avoue que j'étais jaloux de lui. Il avait la chance de vous serrer dans ses bras tout le temps. Vous étiez une fille qui m'intriguait.

— Est-ce que vous étiez amoureux de moi? me demanda-t-elle.

— Amoureux de vous? Je ne le nie pas. Mais je m'étais rendu compte que vous m'ignoriez totalement, que je n'avais aucune chance devant le gros Ion Ardelean. D'autre part, si une fille ne m'accordait pas d'attention, je l'effaçais de mes plans en en recherchant une autre.

— Que le monde est petit, conclut-elle.

— Permettez-moi de vous quitter, dit ma cousine. J'ai des achats à faire. Bonjour Vioara, bonjour Georges...

Je regardai Vioara. Elle était devenue toute une femme, faite pour l'amour et pour la famille. Je me demandai comment elle n'avait pas encore trouvé *preneur*. Peut-être visait-elle trop haut? C'étaient les docteurs et les ingénieurs qui étaient considérés de bons partis. Ou bien, il y avait vraiment une destinée pour chacun.

— Voulez-vous venir voir un film avec moi? lui proposai-je.

— Volontiers.

— J'aimerais vous emmener voir *Le chanteur mexicain*. C'est l'espagnol Luis Mariano qui tient le rôle principal.

— Tout à fait d'accord. J'aime bien la musique.

On se revit les jours suivants après le travail. Un jour, j'osai apporter mon manuscrit. Je lui causai une grande surprise. Elle ne savait pas grand-chose sur moi. Ce fut elle qui écouta pour la première fois les répliques de Jacob Stremtan, Molicariu, Ana et des autres personnages de ma comédie. On discutait longuement chaque scène, chaque acte. Elle lisait beaucoup, elle était bien instruite. A l'occasion, elle me donnait un conseil qualifié. Parfois, elle me donnait mêmes des suggestions pour améliorer les personnages féminins.

On s'embrassait après un bon acte de ma comédie. Mais on s'arrêtait là. Lorsque mes mains glissaient *trop loin*, elle me regardait durement.

Ça voulait dire: «Patiente, Georges! On y arrivera un jour». Même si j'étais excité comme un démon, je savais maîtriser mes sens.

Après quelques semaines, nous décidâmes de fonder une famille ensemble. Ses parents vivaient à la campagne: demander leur fille en mariage fut tout un scénario.

Accompagné de mon père, de ma mère et de mon oncle, je montai dans le premier train électrique de l'Europe[1] en direction de Siria[2]. Nous arrivâmes à la maison du futur beau-père.

— Depuis hier soir, nous suivons une biche, partie de la source de la grande forêt, commença mon oncle Tonica. En suivant religieusement ses traces, nous sommes arrivés chez vous, honnêtes fermiers! Auriez-vous vu, par hasard, la biche que nous cherchons assidûment?

— Je vais vous la chercher, honnêtes visiteurs! s'engagea un voisin qui était présent. Attendez-moi quelques minutes.

Il sortit, avec l'air le plus sérieux du monde. Puis il revint avec une vieille paysanne, habillée en lambeaux. Nous rîmes aux éclats. Comment pouvait-elle être si laide? Le bon sens paysan nous avertissait que la beauté est une question de saisons dans la vie d'un homme.

— Ah, non! Ce n'est pas celle que nous cherchons! Pour l'amour du ciel! se mit en colère mon oncle Tonica. Va vite et cherche notre biche. Tu peux rester dans la forêt si tu ne la retrouves pas.

Le voisin revint après quelques minutes. Il ramenait la même vieille femme. Nous simulâmes la nervosité, l'insulte, l'impatience.

— Il se moque de nous, dit mon père.

— Peut-être que la bonne biche s'est égarée dans une autre maison. Allons-y, nous proposa mon oncle.

Nous nous préparions pour le départ...

— Un instant, s'il-vous-plaît! nous pria le voisin. Il sortit en toute vitesse. Il revint accompagné de la *biche* que nous avions tant cherchée, Vioara. Elle était vêtue d'une très belle robe blanche. Le beau-père Petru nous invita à sa table. L'eau-de-vie et le vin rouge se mirent à couler à flot. Puis on mangea des saucisses, du jambon fumé à l'ancienne et des *sarmale*, un plat roumain très apprécié.

— Que les jeunes soient heureux! cria mon oncle Tonica.

---

[1] Je vérifiai moi-même l'exactitude de cette information lors de la rédaction de la monographie du chemin de fer.

[2] Grand village où était née Vioara.

Tout le monde leva un toast en notre honneur.

Deux semaines plus tard, suivirent les fiançailles. On avait choisi comme parrain un vieux notaire, dont la femme était une éducatrice qui travaillait à la même garderie que Vioara. Ça se passa à Arad, chez mes parents. On avait utilisé l'or d'une vieille montre pour la confection des bagues. Mon père était horloger.

Enfin, le parrain et la marraine arrivèrent: la fête commença. Le parrain prit une écharpe avec les deux bagues liées ensemble, des grains de blé et des branches de basilic. Il nous lia les mains avec l'écharpe en nous souhaitant:

— Que vous soyez purs comme l'or, beaux comme le basilic, bons comme les grains de blé qui nourrissent le monde entier. Que vous soyez fidèle l'un à l'autre.

Puis il prit les bagues et les glissa à nos doigts. Sur ma bague était écrit, en lettres minuscules, Vioara; sur la sienne, Georges.

Tous nous souhaitèrent «mariage heureux et longue vie». Les fiançailles furent suivies d'un repas copieux préparé par ma mère.

Je reconduisis Vioara chez elle. Puis je retournai chez moi, vers une heure du matin. Je fermai les livres sur Diana Adamescu. Dorénavant, j'étais lié à une autre femme.

On décida de célébrer les noces immédiatement après Noël. Il y avait quand même un problème: l'argent. On devrait se contenter de noces intimes, avec peu d'invités. Je commençais à peine à gagner un peu d'argent. Ma famille n'était plus riche depuis la nationalisation. Vioara avait dépensé son argent à aider ses parents. D'autre part, en tant qu'éducatrice dans une garderie d'Etat, Vioara n'avait pas la permission de se marier à l'église. Ni à la campagne. Toute défiance aurait pu mener à sa mise à pieds.

Nous nous mariâmes au milieu de la semaine à la mairie de la ville. Nous prîmes un bon repas au restaurant *Le Boulevard*. Le repas fut arrosé d'une bouteille de champagne roumain. Puis nous nous dirigeâmes vers le petit logement de Vioara. Nous étions mari et épouse conformément à la loi. Elle s'abandonna à moi avec une passion délicate. Quant à moi, j'étais fier comme un paon: je trouvais une femme qui pouvait satisfaire mes appétits.

Le samedi matin, on se maria à l'église dans le plus grand secret. C'était la volonté de ma mère qui était une croyante des plus fidèles. Par chance, le frère de notre parrain était prêtre à l'église du quartier Gaï. Nous montâmes dans un train, comme simples voyageurs, habillés comme tout le monde. En arrivant dans le quartier en question, nous allâmes à pied jusqu'à l'église. Le prêtre guettait notre arrivée et il nous ouvrit une porte-arrière; puis il la referma. A l'intérieur de l'église attendaient ma mère et mon père, mon beau-père et ma belle-mère, mon parrain et ma marraine.

Ainsi nous fûmes mariés devant Dieu et son Eglise, et devant une toute petite foule, les yeux en larmes.

Le samedi soir, dans un cadre toujours restreint, nous fêtâmes la dernière phase de nos noces. On sacrifia quelques poules, une dinde, et un petit porc que ma mère avait acheté à Cermei: c'était le frère cadet de ma mère, Trajan, qui l'avait transformé en saucisses, en jambon et en boudin. Quant à ma mère, elle nous avait préparé des gâteaux et des brioches. Mon beau-père nous apporta du bon vin du cru de 1959. Le tout, accompagné par un orchestre, payé par mon père.

A minuit, on chanta la chanson *Hora de la mariée*. Cette vieille chanson apporta une certaine mélancolie. Ce fut ma mère qui la chanta, avec son accent de paysanne:

> Prends les adieux,
> Jeune mariée,
> De ton père,
> De ta mère,
> De tes frères,
> De tes sœurs,
> Du jardin rempli de fleurs,
> Du carré de basilic,
> Des jeunes hommes
> Et du paysage mythique...

Pendant que tous les participants de la noce chantaient *Hora de la mariée*, Vioara contourna trois fois la table. Puis elle s'arrêta devant ma mère.

— Qu'est-ce que tu m'apportes ma fille? demanda ma mère.

— Pain et sel et tout ce qui naît sous le soleil.

A quatre heures du matin eut lieu le dernier élément essentiel du cérémonial nuptial: le passage de l'état de fille à l'état de femme mariée. Ce fut moi qui défis ses tresses. Puis la femme de mon cousin Mitry lui fit un chignon.

Il était normal de recevoir un appartement dans la grande maison familiale. Il y avait treize chambres à coucher. Mais notre maison était toute occupée par des locataires. A côté d'un Roumain, il y avait des

Tsiganes, des Juifs, des Hongrois. Personne ne pensait à déménager ailleurs. Chacun désirait un pot-de-vin de la part du propriétaire. De plus, le Hongrois prétendait qu'il avait payé son appartement avec le loyer qu'il nous donnait chaque mois!

Voilà pourquoi, moi et mon épouse, avions emménagé dans une chambre de servante qui avait les mêmes dimensions que ma cellule de réclusion, deux par quatre. Mais, grâce au souci de ma femme, le logement-cellule fut transformé en nid familial d'une agréable intimité. En fin de compte, j'étais un homme qui attendait peu de la vie. La seule chose qui m'intéressais vraiment, c'était la paix avec moi-même et avec ceux qui m'entouraient.

Deux ans avaient passé depuis mon retour. Bien des événements étaient survenus qui avaient changé ma vie, qui m'avaient sorti de l'anonymat où j'avais été jeté à cause de la *pieuvre soviétique*. Le premier qui était venu à mon aide, était Petre Mihut, un ancien camarade d'école, secrétaire de l'Organisation de la Jeunesse Ouvrière et le cousin de ma femme, Vioara.

— Quelle est ta situation à l'Organisation de la Jeunesse Ouvrière? me demanda-t-il un jour à brûle-pourpoint.

— Exclu, Petre. Une double exclusion. Ce fut une décision unanime. Personne n'était *contre*.

— Ça, je le savais déjà, me répliqua-t-il. Mais ce qui m'intéresse est autre chose: t'ont-ils retiré ton carnet de membre?

— Ces idiots-là l'ont oublié chez moi; pour que je le garde en souvenir.

— C'est magnifique! s'exclama-t-il.

— Pourquoi magnifique?

— C'est très bien de l'avoir gardé! J'ai un plan...

— Lequel?

— Te faire redevenir membre de l'Organisation!

— Es-tu fou? Te rends-tu compte à quel risque tu t'exposes?

— Si tu as trop de scrupules, tu mourras sans le sou, ou, dans le meilleur des cas, à l'hôpital pour malades mentaux. Il est évident qu'il s'agit d'une réhabilitation partielle. Jusqu'au Parti qui mesure la distance en années-lumière... Dorénavant, tu n'auras plus le statut d'homme-mort pour la société socialiste. En redevenant membre de l'Organisation de la Jeunesse Ouvrière, tu échapperas à certains ennuis. Ton exclusion reste un secret entre nous. Ta carte de membre, avec tous les renseignements qu'elle contient, nous la déclarerons perdue à

Hunedoara. Si quelqu'un te demande pourquoi tu n'as pas participé aux séances de notre organisation, dis-lui que tes formules de mutation sont arrivées en retard. Tu payeras ta cotisation pour quatre ans, je signerai ton carnet de trois manières différentes et personne ne découvrira jamais notre supercherie. Il y a une vraie bande d'idiots au secrétariat de cette organisation, ils n'y verront que du feu.

— C'est un faux avec papiers en règle, Petre!

— Ce ne sera ni le premier, ni le dernier! Tout ce qui nous entoure est faux, des mensonges des plus ridicules! Je crois que ça vaut la peine de falsifier quelques choses pour aider un ami qui a tant souffert à cause d'une injustice.

— Mais comment veux-tu que je revienne du côté de ceux qui m'ont envoyé en prison, qui ont détruit mes plus beaux rêves? Ça n'a pas de sens.

— Est-ce que ma cousine est enceinte?

— Oui.

— As-tu pensé à tes enfants?! Ils vont souffrir à cause des *péchés* de leur père! Est-ce que tu acceptes ou non?

— D'accord, Petre! C'est à eux que je dois penser. Mon dernier train est déjà parti.

Quelques jours après, je fus appelé d'urgence à la rédaction locale. Le rédacteur en chef, Craciun Bontulescu, me proposa d'écrire des articles concernant la vie de l'Organisation, rapportant notamment l'activité économique du dépôt ainsi que d'autres activités.

— Nous savons déjà que vous avez eu de grands problèmes à Brasov. Les hommes se trompent quelquefois. C'est possible, surtout lorsqu'ils sont jeunes, quand ils n'ont pas beaucoup d'expérience. D'ailleurs, les moments révolutionnaires que nous vivons sont comme des vagues très fortes qui peuvent nous jeter d'un bord ou de l'autre. Notre Parti et son Organisation de la jeunesse, offrent à tous l'occasion de se réaliser pleinement, en analysant dialectiquement les cas difficiles.

«Revenons à la réalité immédiate: l'Organisation de la Jeunesse du dépôt de locomotives et son secrétaire vous présentent comme un jeune exceptionnellement doué. Le contremaître Adoc nous a dit que vous étiez devenu chaudronnier d'élite, que vous ne ménagiez pas votre peine en faisant des heures supplémentaires si la nécessité du service des réparations le demandait.

«Etant rédacteur en chef à Resitsa en 59, où vous aviez déjà travaillé, en 56, j'avais appris que vous étiez un rédacteur de talent, en pleine évolution. Voilà pourquoi nous vous proposons de devenir notre collaborateur. Acceptez-vous?

— Certes! répondis-je.

— Nous attendons votre premier reportage, conclut-il en me tendant sa main dure d'ancien ouvrier.

Je n'en croyais pas mes oreilles. Peut-être que Petre Mihut avait raison. Il me disait que les formules et les papiers comptaient beaucoup plus que l'homme aujourd'hui. J'étais dans un état de surexcitation, comme à ma sortie de prison.

Tiens, tiens, ils me permettent à nouveau d'écrire, après quatre ans d'interdiction. Il y a quelque chose qui pue dans ce pays, pensai-je. De fait, je n'avais confiance qu'en Petre Mihut. Je lui avais fait honneur en représentant son organisation au concours *Aimez les livres*. J'avais obtenu des résultats exceptionnels. J'avais éliminé tous mes adversaires. J'étais en tête, comme un coureur détaché du reste du peloton. Mon travail-écrit sur le roman *La Révolte* de Liviu Rebreanu avait reçu la meilleure note de la Commission des examinateurs.

L'épreuve orale eut lieu devant public. Je répondis aisément aux diverses questions, pourtant très précises, très fouillées, sur sept auteurs roumains. Il ne resta plus, bientôt, que deux concurrents. Je triomphai sans difficultés, on m'applaudit comme au théâtre. J'avais les larmes aux yeux en recevant les félicitations et les cadeaux du président du jury. Je reçus *La Guerre et la Paix*, édition spéciale, une montre allemande *Rulla* et un beau stylo.

Deux semaines plus tard, je répétai, à Timisoara, la même prestation exceptionnelle. Personne ne put résister à la précision et à la qualité de mes réponses.

Je m'en étais bien tiré à la ville et à la région. Ce serait plus difficile avec l'ensemble du pays. «C'est impossible que je sois le plus doué de ma génération», me disais-je.

En vérité, la bataille au plan national ne fut pas facile. Chaque région avait envoyé ses meilleurs candidats. La compétition était féroce. Il n'y avait que cinq places en finale. Les épreuves écrites avaient déjà permis aux professeurs de la Faculté de philologie de départager les candidats. Les copies étaient anonymes, numérotées: aucune supercherie n'était possible.

Le jour même du concours oral, afin de départager les cinq finalistes, j'achetai *L'Etincelle de la Jeunesse*. Ce journal me consacrait plusieurs colonnes. J'en rougis de plaisir et d'émotion. Mon talent de journaliste m'avait aidé une fois de plus, bien que le thème ait été différent. Mon travail avait été spontané, dynamique, aussi plaisant à lire qu'un essai littéraire. Même à l'épreuve orale, je m'étais très bien comporté jusqu'à la demi-finale. Dans mon trouble, je fis un lapsus. Mais ma victoire resta indiscutable. Je reçus, comme prix, une bicyclette et plusieurs livres.

Le premier article que je signai dans le journal local traitait du jeune ouvrier Dimitru Vancu. Son portrait reflétait sa vie réelle. Rien n'était contrefait, rien n'était enjolivé.

Dimitru était un jeune homme qui aimait beaucoup son métier de monteur. Il passait ses soirées sur les bancs du lycée où il était parmi les meilleurs. Parfois, je le voyais donner des conseils pratiques aux nouveaux venus dans l'atelier de réparations.

Le deuxième reportage parlait des chaudronniers, mes camarades de travail. Leur travail était le plus dur et, en même temps, le plus beau. Mes collègues luttaient, jour après jour, contre les nombreuses maladies des *vieilles dames à vapeur*.

J'aimais comparer le métier de chaudronnier à un art qu'on apprend avec peine, à la sueur de son front et qui demande une formation continue. Moi-même, j'étais devenu un vrai artiste quand il s'agissait de fabriquer des tuyaux, grands ou petits, pour une plaque tubulaire.

Pour les grands tuyaux, j'avais inventé un dispositif qui permettait de doubler la production. Dorénavant, un membre de l'équipe devenait ainsi disponible pour d'autres travaux.

Quoique mon travail était difficile et sale, je l'accomplissais avec un grand plaisir. J'étais certain que personne, *de l'extérieur*, ne me prendrait jamais de la main le marteau et le mandrin en me disant: «Ça suffit, Georges Goldis! Laisse-nous, nous te remplaçons jusqu'à la fin de la journée. Nous avons pris un peu trop de retard ces derniers temps!

J'avais assuré la sécurité de mon emploi pour une dizaine d'années. A cause de cela, de ce dur labeur, je faisais peu de concessions dans mes articles et mes reportages. Je savais tromper la censure draconienne de la presse roumaine en plaçant, çà et là, quelques mots d'ordre du Parti, du socialisme et de la classe ouvrière, moyennant que je pouvais écrire mes reportages à ma guise. Il est vrai que j'avais quelquefois des problèmes avec des articles où j'occultais un peu la présence décisive du Parti. Mais j'avais mûri et je réussissais à me défendre avec une certaine ruse.

Je vivais jour après jour parmi les ouvriers, et souvent ils grognaient quand ils lisaient les articles et les reportages où la présence du Parti était vraiment trop ostentatoire.

Si le Parti fait tout, me disaient-ils, nous n'avons rien à faire ici. Prenons nos affaires et retournons à la maison. Il existe en Roumanie un *factorium*. C'est le Parti.

Les concours de reportages et d'informations au niveau du district et de la région étaient devenus ma spécialité. Je dominais mes adversaires avec aisance. Parfois, il me semblait que le concours n'était pas juste. Je souhaitais que d'autres collaborateurs des journaux gagnent le premier prix de temps à autre.

Au bout d'un certain temps, je recommençai à écrire pour les journaux de langue hongroise. J'étais devenu le collaborateur numéro un du journal *La Flamme Rouge*. Je n'étais toujours pas un nationaliste borné pour qui *les autres* ne comptaient pas. A mon avis, les hommes étaient ou bons ou mauvais. C'était la société qui les avait corrompus dans la plupart des cas; on avait mal enseigné l'histoire.

Je me demandais pourquoi un dictionnaire célèbre, édité en France, commençait l'histoire de la Hongrie avec la... Transylvanie.

J'essayai ma plume dans un concours de la radio-télévision roumaine. Mes quatre reportages furent retransmis. Je gagnai le premier prix. Ainsi, j'entrai de nouveau dans la sphère d'influence de plusieurs journaux et de la radio-télévision. Chaque rédacteur en chef voulait me recruter pour son journal, pour sa station de radio. Tout allait bien jusqu'au moment où on consultait mon dossier. Il y figurait toujours, comme un leitmotiv, l'ombre sans pitié de la *pieuvre soviétique* et les rédacteurs en chef en cause étaient désolés.

— Vous êtes très doué, mais, en même temps, vous n'avez aucune chance, me disaient-ils. C'est votre dossier de Brasov qui vous nuit. Vous êtes catalogué à vie comme ennemi de l'Union Soviétique. Comprenez-vous?

Je ne me laissai pas décourager pour autant. Dès que mes *blessures* se cicatrisaient, je reprenais la plume avec plus d'ardeur. Pour moi, chaque article, chaque reportage, chaque note satirique ou billet représentait encore un échelon de gravi pour assurer une meilleure information...

Ma série d'articles intitulée *Incroyable mais vrai!* connut un succès sans précédent. C'était l'hiver. Il faisait très froid et je partis pour un voyage-enquête sur les stations de chemin de fer et les trains ouvriers.

A la gare de la ville de Pîncota, je trouvai les salles d'attente glacées. Le chef de gare me montra le dépôt de combustible qui était vide. Même chose à Siria et à Cermei, mon village natal. Plusieurs rames de train étaient mal chauffées et les voyageurs y tremblottaient de froid.

Le premier article fit l'effet d'une vraie bombe. Les choses s'arrangèrent en partie, mais pas partout. J'avais la *mauvaise* habitude de contrôler les effets de mes billets. Suivirent d'autres articles et, comme par miracle, le problème du chauffage des trains et des stations de ma région fut résolu.

Je savais pénétrer l'âme des gens que j'interviewais. Je partageais leurs joies et leurs problèmes. Je me fis souvent des amis de longues durées. On pouvait me dire n'importe quoi. Tout le monde savait que je n'étais pas l'homme des chefs. Je renonçais souvent à mes propres problèmes, à mon repos, pour me mettre au service des autres...

C'est ainsi qu'un jour, je rencontrai, sur la place de la Cathédrale, un jardinier venu du village de Dorobanti à la frontière de la Hongrie.

— Qu'est-ce que vous faites ici en pleine campagne? lui demandai-je.

— Mon père est malade et je n'ai pas réussi à le faire hospitaliser. On m'a dit qu'il est trop vieux et qu'il mourra d'ici quelques semaines.

— Où est-il?

— Près d'ici, dans la voiture du camarade Sanda que vous connaissez.

— Vite! A l'hôpital central.

— Mais nous y sommes déjà allés...

— Avec moi, ce sera différent. On ne joue pas avec la vie des gens.

Le vieil Hongrois fut tout de suite hospitalisé à la salle d'urgence et on lui administra immédiatement le traitement nécessaire pour sa maladie. Je ne quittai l'hôpital qu'au moment où je fus convaincu que le vieux se portait bien. On l'installa dans une belle chambre de réserve.

Son fils ne savait comment me remercier.

— Vous êtes un homme d'une grande bonté. Qu'est-ce que je vous dois?

— Rien du tout. Je vous aime, c'est tout.

— Mais, grâce à vous, on a asphalté la chaussée et on a recouvert le vieux moulin, me rappela-t-il. Et toujours *rien du tout*?

— On ira boire, un jour, un verre d'eau-de-vie chez vous. Ça vous va?

— On vous attend, monsieur Goldis!

A Dorobanti, sur la frontière entre la Roumanie et la Hongrie, les gens étaient encore prisonniers des concepts chauvins accumulés depuis des siècles contre les Roumains autochtones. Contre toute attente, j'avais là-bas une foule d'amis et de collègues de travail. A part ça, j'écrivais des reportages et des informations pour quatre journaux et deux postes de radio. Je parlais assez bien le hongrois et je prenais souvent la défense de ces gens vivant à la périphérie du pays. Le fait qu'ils étaient les frères de sang de Lelenka, Peter et Nagy n'avait aucune importance pour moi. Sur un coin de ma bibliothèque, j'avais écrit le mot *homme*, en lettres majuscules.

J'étais bien accueilli et respecté, partout, comme si j'étais un fils du village. Toutes les portes m'étaient ouvertes, à n'importe quelle heure du jour ou de la nuit. Parfois, je me déplaçais jusqu'à la frontière pour faire un reportage sur un coopérateur. J'étais bien connu des garde-frontières et de leur commandant.

Aussitôt entré chez un ami, une bouteille d'eau-de-vie apparaissait sur la table. Elle était suivie de jambon fumé ou des saucisses bien séchées. S'il écoutait Budapest, il changeait pour Bucarest: je le priais de continuer l'écoute dans sa langue maternelle. Après deux ou trois petits verres d'eau-de-vie, on était *plus près* l'un de l'autre et la confiance montait en flèche. J'avais la patience de tout expliquer, même la cause principale de la haine entre les Roumains autochtones et les Hongrois, des descendants d'immigrants. On avait des discussions civilisées, sans rancune de part ou d'autre. Parfois, il était question *d'importations* de Hongrie. Les habitants du village voyageaient souvent sur la simple présentation de leurs cartes d'identité. Les révisionnistes hongrois, imbus d'idées revanchardes, s'employaient de plus en plus à falsifier la vérité concernant le droit historique du peuple roumain en Transylvanie.

J'aimais toujours commencer en citant l'historiquement célèbre roumain Nicolae Iorga: «C'est un peuple qui, à travers ses aïeux, a des racines quatre fois millénaires: c'est sur cela qu'est fondée notre fierté».

— Donc, l'histoire des Roumains est l'histoire d'un peuple stable, complétais-je. Dès les temps les plus anciens, le peuple roumain a dû faire face à d'innombrables adversités et vicissitudes. Il a affronté pendant des siècles les vagues successives, dévastatrices, des peuplades migratrices (y compris les Hongrois), la politique de conquête et d'annexion des grands empires qui convoitaient ses terres ancestrales,

144

de l'entité nationale et, en tant qu'Etat, est devenue une caractéristique de l'histoire du peuple roumain.

«Avant l'arrivée des Hongrois, il y avait des formations politiques roumaines qui couvraient le territoire de la Transylvanie:
- le voïvodat de Crisana, conduit par le duc Ménummorut, et qui s'étendait depuis le Maramures jusqu'au Mures;
- le voïvodat de Banat, délimité par le Mures, la Tisza et le Danube conduit par le duc (voïvode) Glad;
- le voïvodat du Plateau de la Transylvanie, dirigé par le duc (voïvode) Gelu, qui s'étendait depuis les portes du Meses, jusqu'à proximité du Mures;
- le voïvodat d'Alba, dont la capitale était Alba-Julia.

— Parle-moi de mon peuple. Il vient d'où, et de quand?

— Il est arrivé en Europe en 899 A.D. Avant son immigration, le peuple hongrois habitait au nord du fleuve Volga. Les tribus qui composaient ton peuple se sont installées dans les plaines Pammoniennes[1], alors habitées par les Roumains. C'était un peuple païen et sauvage; il se nourrissait de viande crue. Il adopta le christianisme un siècle plus tard, sous le règne du roi Etienne premier, dit *le saint*.

«Les chefs des tribus hongroises trouvaient que la Transylvanie et le Banat étaient deux pays très riches. A partir de ce moment, ont commencé les malheurs du peuple roumain et le pillage de ces pays.

— Est-ce que les Roumains nous ont bien accueillis?

— Ils vous ont reçus avec du pain et du sel, selon nos anciennes traditions d'hospitalité. De plus, ils vous ont appris à labourer les terres, à construire des maisons, à cuire vos aliments, à danser et à chanter.

— J'avais toujours cru que c'étaient nous *les civilisateurs*.

— C'est plutôt l'inverse. Qu'est-ce que tu dirais si je te disais qu'à partir de demain, tu n'es plus le propriétaire de cette belle maison?

— Je dirais franchement qu'il s'agit d'un abus.

— Et bien! nous les Roumains, nous sommes chez nous, comme tout autre peuple autochtone ailleurs. Ce sont les Russes qui occupent vos anciens territoires.

---

[1] Région de plaines couvrant le sud-est de la Hongrie, l'ouest de la Roumanie et le nord de la Serbie.

Ma franchise désarmait les Hongrois. J'étais leur meilleur ami. Ils pouvaient toujours compter sur moi. Je ne demandais pas à un homme de quelle nationalité il était, je lui demandais s'il avait besoin de mon aide.

Je travaillais jour et nuit pour finir ma comédie. Parfois, il m'arrivait de créer une réplique à l'intérieur de *l'âme* de la locomotive. Je la notais avec un morceau de craie sur le haut de la plaque tubulaire. J'aurais aimé que ma comédie devienne une satire virulente de ma société, qu'elle soit une fête de l'esprit et du cœur. De plus en plus, mes personnages avaient l'air de vivre. Certains étaient ridicules; c'était une déformation causée par le désordre social qui se passait dans leurs caractères. Leur apparition sur scène devait provoquer le rire. Je pensais surtout à cette *catharsis* ou *purification* dont Aristote nous parlait deux mille ans auparavant.

Un beau jour, je me présentai au théâtre d'Etat de ma ville, manuscrit sous le bras et plein d'espoir. Je fus reçu amicalement par le metteur en scène et par le secrétaire littéraire. Un acteur se joignit à nous pour la première lecture du texte.

— J'aime votre comédie, dit le metteur en scène après la lecture. On va rire aux larmes, malgré certaines imperfections de débutant. Mais, comme vous le savez, je ne peux prendre aucune décision avant que le Conseil artistique ne se prononce sur l'égibilité de votre comédie. Laissez-nous le manuscrit. Il sera discuté la semaine prochaine.

Je ne savais pas grand-chose sur le dit *Conseil artistique*. Je pensais qu'il s'occupait surtout de la qualité du texte, du conflit des caractères, de la structure dramatique de la pièce. Je me trompais royalement. C'était la *main du Parti*, c'était la censure déguisée qui décidait vraiment ce que le Comité central voulait voir jouer sur la scène. Il devait conserver la pureté idéologique du théâtre comme la prunelle des yeux.

Deux semaines plus tard, je fus reçu par le directeur du théâtre et par le président du Conseil artistique. Ce dernier me toisa avec un regard étrange, stupide. Je devinai qu'il voulait se payer ma tête. Je devais me méfier de lui. Il toussa, but une gorgée d'eau, puis il se mit à me parler:

— Je me demande pourquoi vous avez créé des personnages qui volent le bien public, me demanda-t-il avec emphase. Le phénomène du vol, ce n'est pas caractéristique de l'état actuel de la construction du socialisme. C'est un fait divers qui apparaît toujours dans la presse capitaliste de scandale. Nous sommes à la recherche d'une nouvelle dimension de l'homme, inconnue dans notre histoire multimillénaire. Votre Jacob Stremtan, c'est une canaille! Soyez l'homme de votre époque. Ne perdez pas votre temps avec des pourritures.

— Il y a une mutation que vous ignorez. L'homme, comme le théâtre, change! Parfois c'est un mauvais changement.

— Abandonnez ce thème! Choisissez des sujets qui se passent sur les grands chantiers, parlez-nous de la force morale de l'homme nouveau, ce génial constructeur de la société socialiste. Tenez-vous-en aux sujets vécus, quotidiens, d'actualité stridente.

— Quoique chaque dramaturge soit l'homme de son époque, répliquai-je, aucune création d'opposition n'a été le résultat d'un acte imposé par quelqu'un. A mon avis, l'écrivain doit être un homme libre. Quant à moi, je me considère un peintre des caractères et des mœurs. En tant que débutant, je pense que je suis sur la bonne voie. J'ai découvert plusieurs failles dans le système ainsi que dans l'art contemporain.

— Dites!

— Elles sont dans les âmes des héros communistes. Sur la scène, de nos jours, ils sont faux, ce sont des gens qui portent deux masques. D'un côté, ils sont comme nous-autres ou pire, ils accusent le plus perfide orgueil, ils remplacent leurs anciennes femmes par leurs jeunes secrétaires, ils volent l'argent du Parti pour satisfaire leurs plaisirs. Mon héros principal n'est-il pas un communiste sans reproche, mari et bon père de famille? Tout change au moment où il embauche une belle caissière. L'argent commence à n'être plus suffisant et le communiste honnête et combatif change son fusil d'épaule. Il finit par devenir un voleur ordinaire et un obsédé sexuel. Chaparder, c'est devenu courant de nos jours. Est-ce que le théâtre est devenu le complice des voleurs? Il me semble que oui!

— Je ne dis pas que nous n'avez pas raison, se modéra le directeur. Mais vous devriez comprendre que je dois respecter les indications reçues de la section de propagande du Comité central. C'est dommage, votre comédie est bien écrite. Le Conseil artistique de notre théâtre n'a pas le choix. Il la refuse à cause de son thème.

— Je m'adresserai au Théâtre d'Etat de Craiova[1].

---

[1] Capitale de la région d'Oltenie.

— Vous êtes naïf. C'est inutile de vous déranger. Vous perdez votre temps et votre argent. Les *Olteniens* sont plus catholiques que le pape, lui-même. Un des leurs est secrétaire du Comité central.

— Qu'est-ce que je peux faire?

— Vous avez écrit une pièce d'avant-garde, pour une autre époque de l'histoire. Mettez-la dans un tiroir. Qui sait? Un jour votre tour viendra. Je vous répète: changez le thème, inspirez-vous de l'enthousiasme révolutionnaire que nous vivons. Polissez votre talent.

— Je ne peux changer d'idée: ou bien la comédie est jouée, ou bien je jette le manuscrit dans la première poubelle du boulevard.

— J'admire votre ardeur et votre indépendance d'esprit, mais...

Je pris mon manuscrit et je sortis comme un bolide du bureau du directeur. J'étais déterminé à jeter mon manuscrit dans les flammes de mon poêle. Le refus du Conseil artistique m'avait vraiment enragé. Mais, en me promenant quelques heures dans les rues de ma ville, je me calmai. En définitive, j'avais aussi ma part de culpabilité. J'aimais bousculer les règles qui ne me convenaient pas et je visais à tout remettre en question.

Je me rendis compte qu'aucun théâtre n'oserait mettre en scène ma pièce satirique. En stigmatisant ceux qui pillaient la richesse publique, on pouvait facilement comprendre qu'il s'agissait des dirigeants du Parti. A vrai dire, le vol et la corruption commençaient *là*, en haut, au Comité central. Lica Gheorghiu, la fille de Gheorghe Gheorghiu-Dej s'habillait à Paris. Tous les dirigeants du Parti vivaient déjà dans les luxueuses villas, les anciennes propriétés de la bourgeoisie. Ils étaient taillés sur le même patron. Est-ce que je devais me battre contre les moulins à vent?

Un rêve s'achevait. Je retournais à la littérature quotidienne: la presse. Si ma pièce avait été jouée, j'aurais pu vivre de ma plume: maintenant ce n'était que chimère. Quand ma femme me proposa de renoncer à mon travail au chemin de fer et de vivre seulement de son salaire d'éducatrice, je refusai avec dignité.

— Moi, je manierai encore le marteau et le mandrin, mais je ne céderai pas. Ecrire n'est pas un métier lucratif. Souvent, la gloire ne vient qu'après la mort...

— 13 —

La naissance de mon premier fils fut tout un événement. Deux jours avant, ma femme regagnait la section de la maternité de l'hôpital central. Il était environ six heures, en fin d'après-midi. Je devais me préparer pour aller au travail de nuit. Mais je n'en avais aucune envie; j'étais très agité, j'attendais d'un moment à l'autre la bonne nouvelle. Je manquais aussi la partie de football que mon équipe favorite, U.T.A., jouait à Arad. Mon voisin écoutait le match à la radio et me tenait au courant du résultat.

Tout à coup, le téléphone sonna avec insistance. Je sautai sur le récepteur et le décrochai avec impatience:

— Vous êtes papa d'un très beau garçon! me dit-on à l'autre bout du fil. Il pèse quatre kilos et cent grammes; il est blond et il a les yeux marrons.

— Je vous remercie beaucoup pour la bonne nouvelle, répondis-je d'une voix chevrotante. Est-ce que ma femme se porte bien?

— Elle a eu une naissance difficile. Le docteur Vuia lui a porté secours. Présentement, elle est hors de tout danger. Vous pourrez lui parler demain matin. Ne vous inquiétez pas...

Je pris ma bicyclette et me rendis à toute vitesse au travail.

J'allais d'une locomotive à l'autre pour faire de petites réparations aux appareils de vitesse. On m'avait promu depuis une semaine à la section des appareils spéciaux. Je travaillais douze heures et je restais à la maison vingt-quatre... Ma pensée revenait toujours à l'hôpital et à mon fils, à ma femme. Est-ce qu'ils se portaient vraiment bien? A deux reprises je me cognai sur les doigts avec le marteau. Il me semblait que la nuit ne finissait plus.

— Je t'embrasse, Vioara, dis-je à ma femme le lendemain matin. Est-ce que le petit se porte bien?

— Je t'embrasse aussi. Notre fils se porte bien; il te ressemble beaucoup.

— J'aimerais qu'il porte le nom du poète latin Ovidiu[1].

— On doit aussi ajouter Georges, répliqua ma femme. Demain, tu auras la permission de le voir...

Je demandai une journée libre au chef d'atelier. Il me l'accorda. Je mis mon plus beau costume et je me dirigeai vers l'hôpital.

Je m'arrêtai chez la fleuriste et je la priai de me préparer une douzaine de roses.

J'entrai à la maternité dans un état très émotif. Ovidiu-Georges tétait avec appétit. Je l'embrassai sur son petit front, j'embrassai ma femme pour le beau garçon qu'elle avait mis au monde et je lui donnai le bouquet de roses. Puis je sortis. On devait se préparer pour la *réunification* de la famille.

J'achetai un landau d'occasion et un petit lit.

Enfin, ils arrivèrent. La petite chambre de servante se transforma en nid agréable. J'aimais beaucoup mon fils, et aux moindres signes de maladie, j'étais profondément inquiet et j'allais tout de suite à la clinique.

— Soyez sans crainte, me disait le médecin spécialiste. Vous avez un enfant robuste et sain.

Ma femme l'allaitait régulièrement; elle lui donnait aussi une nourriture légère. Quant à moi, j'étais son ange gardien et j'étais fier quand les passants disaient: «Quel beau garçon! Il ressemble à son père».

L'arrivée de l'enfant avait consolidé notre vie de famille. J'avais une responsabilité de plus; je regardais loin et je pouvais penser à son avenir. J'espérais qu'il ait du talent et qu'il puisse devenir le célèbre journaliste dont j'avais moi-même rêvé d'être il y a quatre ans.

Même fatigué après le travail de nuit, je restais des heures et des heures à le regarder. Ma femme recommença à travailler et je lui embauchai une gardienne, la concierge de la maison. Aussitôt qu'elle arrivait, je prenais ma sacoche et j'allais acheter des provisions. J'étais semblable à une abeille qui remplit la ruche de miel avant de mourir, anonyme parmi les fleurs dont elle cueille le précieux pollen. Je n'étais plus au premier plan; j'avais accompli mon premier devoir d'homme.

---

[1] Publius Ovidius Nasso, poète latin exilé à Tomis (aujourd'hui Constantsa ville de Roumanie) par l'empereur Auguste.

La *chaîne* de mon sang se perpétuait. Quant au reste, c'était de la superstructure.

Ovidiu-Georges était plutôt en retard pour marcher, mais, à dix-huit mois, il parlait très bien et comprenait presque tout. Un jour, on transmettait à la télé la *Ballade* de Ciprian Porumbescu[1]. Ovidiu-Georges écoutait cette chanson, interprétée par le violoniste Ion Voicu. Nous étions les hôtes de nos parrain et marraine. Il étonna tout le monde avec sa réflexion:

— Entends-tu, papa, comme il pleure le violon?

Je l'embrassai longuement. Il me semblait que la *bonne semence* était là, à l'intérieur de sa jolie tête blonde.

Ma vie se déroulait à un rythme accéléré. J'étais un homme à tout faire et plusieurs en profitaient... On m'avait promu à la présidence de la Commission *Aimez le livre*; à la ville, on m'avait délégué au club des cheminots pour dynamiser l'activité culturelle. Je me montrais plus actif au club que le directeur salarié.

Quand je n'étais pas au club ou au travail, j'écrivais pour les journaux de la région. En revenant à la maison, je donnais un coup de main à ma femme, en pelant les pommes de terre ou en m'occupant d'Ovidiu-Georges. Il s'endormait en tenant ma main droite. Il ne me restait que très peu de temps pour l'amour avec ma femme.

Si la mort m'avait réclamé à ce moment-là, je lui aurais dit:

— Laisse-moi terminer telle ou telle chose. Va plutôt chez les fainéants du socialisme. Ils se sont reproduits comme des champignons après une bonne pluie. Et interroge-les sur leurs activités. Tu peux commencer par les plus gros. Donne-leur une maladie de cœur, un cancer au cerveau ou bien la lèpre. Tu sauveras le budget de ce pays et tu feras en sorte que la vie soit moins dure. Vas-y, prends en charge ces maudits communistes!

Autrement dit, il s'agissait de la plus heureuse période de ma vie de famille. Les conflits avec ma femme étaient plutôt rares et mineurs. Malgré que je la savais capable de violence verbale, elle se maîtrisait, elle faisait beaucoup attention aux petites choses.

On voudrait que cela continue longtemps, très longtemps, jusqu'au bout de la vie. On se souvenait déjà du chemin parcouru, des premières promenades bras-dessus bras-dessous, des premières nuits d'amour,

---

[1] Compositeur roumain de la deuxième moitié du dix-neuvième siècle.

intenses et torrides. Il me semblait impossible de vivre sans cette paix qui s'était installée dans mon âme. C'est elle qui nous tient en vie, qui nous accroche à la terre...

Je fis une demande au dépôt pour avoir un logement du fonds de l'Etat. On forma une commission qui nous rendit visite le lendemain. Tous furent impressionnés de la petitesse de notre unique chambre. On se demanda comment on faisait pour vivre dans un espace aussi restreint.

— On va vous trouver un bel appartement dans une nouvelle bâtisse! décida le président.

Ma pauvre femme avait les yeux en larmes.

— Enfin, on va avoir un logement comme il faut! me dit-elle en se jetant dans mes bras.

C'était le comble de l'ironie. Le même jour, le locataire juif de mes parents reçut son passeport pour Israël. Ce fut ma mère qui m'annonça la nouvelle. Tout d'un coup, j'avais l'embarras du choix! Que faire? Déménager chez mes parents, c'était prendre possession d'un gros appartement. Notre maison avait déjà soixante ans. Il n'y avait pas de salle de bain, ni les autres avantages des logements modernes. Quand même, ça nous avantagerait économiquement: on n'aurait plus à payer de loyer, ni le salaire de la gardienne, ce serait ma mère qui la remplacerait.

Le problème, cette fois-ci, c'était ma femme. Elle était perfectionniste, une femme trop moderne pour retourner de bon gré dans *le vieux château* de mes parents. Elle préférait le bel appartement que nous offrait la Commission du dépôt. Et, pour cause, un chicane monstrueuse éclata entre ma mère et ma femme. C'était la première confrontation entre la belle-mère et sa bru; mais ce ne serait pas la dernière. Ma femme fut d'une violence verbale inouïe; une rage intérieure s'était installée dans son âme et elle insulta ma mère comme je n'aurais jamais pu m'imaginer. Elle était décidée à ne jamais déménager chez sa belle-mère.

Cette *guerre* de famille me décevait vraiment. J'aimais autant ma mère que la paix de ma famille. Ovidiu-Georges ne comprenait pas ce qui nous arrivait; il se mit à pleurer. La querelle dura jusqu'à minuit. Je décidai de sauver ma famille en me rangeant du côté de ma femme. Donc, on déménageait dans le nouvel appartement.

— Tant pis, me dit ma mère. J'irai demain au dépôt.

Ma mère, un peu comme ma femme parfois, avait la tête dure, dans les deux sens du mot. Elle en avait assez de ses locataires qui se moquaient d'elle jour et nuit. J'étais son enfant préféré: elle aurait voulu me voir à chaque jour. Pour cette raison, elle se rendit, de bonne heure, au dépôt pour annoncer le départ de son locataire juif. Par conséquent, je fus immédiatement radié de la liste prioritaire du dépôt. Le hasard me plaçait dans une position peu confortable. Certains me prirent pour un menteur.

Le lendemain, je fus appelé chez le vice-président de la ville. Il me rappela que j'avais un choix à faire:

— Occuper l'appartement disponible dans la maison de mes parents, ou bien le logement serait distribué à une autre famille dans le besoin.

Il me fallut une plaidoirie de quelques heures pour convaincre ma femme de déménager chez mes parents. Elle l'accepta difficilement. Mais, après, notre relation ne fut plus jamais la même. Elle avait compris que j'étais un homme trop tolérant, que je préférais être en bons termes avec tout le monde. Petit à petit, elle s'efforça d'avoir l'image d'une dure, voire même d'une femme autoritaire qui doit prendre les leviers du pouvoir dans la famille. Cette découverte, ou bien cette confirmation, m'attrista profondément. Pourtant, au fond de son cœur, ma femme était généreuse, elle avait une âme en or. Je ne pouvais comprendre à quoi servait cette carapace de *méchante*.

Vers la fin de l'automne 63, grâce à l'activité que j'avais déployée, on m'accorda la réhabilitation totale. Le Bureau de l'Organisation du Parti avait fait sur moi un rapport élogieux; l'Assemblée générale m'avait reçu au Parti avec une majorité de votes *pour*. Ce fut l'occasion pour tout le monde de manifester de la sympathie pour mon attitude courageuse contre l'Union Soviétique.

— C'est le type de communiste dont notre Parti a besoin, commença Marius Andreica, mon collègue de travail à la chaudronnerie. Il n'y a pas de discordance entre ses paroles et ses actes, poursuivit-il.

Le mauvais pas à franchir était la comparution devant le Comité municipal. Je savais que le premier secrétaire Ion Baba était un pro-soviétique convaincu. Je me souvenais de l'Assemblée où le même premier secrétaire avait condamné durement les vers que j'avais *sculptés* avec un canif sur un banc public.

Je ne me trompais pas du tout. Le premier secrétaire Ion Baba demanda sur le champ l'ajournement de la séance du Bureau du Comité municipal jusqu'à la consultation complète du dossier de Brasov. Je vécus deux semaines d'angoisse et je devinais d'avance le refus, l'infirmation de ma réhabilitation.

— Je me demande comment vous avez osé demander votre réhabilitation alors que vous saviez la teneur de votre dossier? dit-il. Et il tourna son regard dur vers les membres du Bureau...

— Il n'y a rien à expliquer, camarade Baba. Il faut que vous vous rendiez compte que le dossier fait à Brasov était une machination monstrueusement indigne.

— Notre Parti ne s'occupe pas de machination. Mesurez vos paroles, citoyen Goldis, me répondit-il, comme s'il avait été piqué par une abeille.

— Vous avez mal compris, camarade Baba. Je n'ai jamais accusé le Parti. Il est juste, parfois désintéressé. Mais, pour quelques-uns de ses membres, c'est vrai. Ce sont eux qui ont cru qu'il n'y avait pas de bornes à leur imagination, qu'ils pouvaient condamner n'importe qui au nom du Parti, qu'ils avaient la permission de faire du mal sans être responsables de leurs actes. Ce sont ces gens qui ont déjà compromis le Parti!...

«J'ai prouvé le contraire par la force des faits. Permettez-moi de vous demander devant le Bureau du Comité municipal si vous considérez comme des hommes sérieux les cinq cents communistes du dépôt qui m'ont donné leur vote, leur confiance. Font-ils preuve d'un manque de maturité politique? Je vous demande seulement mon droit. Je n'ai pas besoin de pitié.

— Justement, votre situation paradoxale nous dicte la vigilance. C'est l'ennemi de classe qui a changé sa stratégie et sa tactique. Aujourd'hui, il cherche à entrer parmi nous, en devenant le camarade le meilleur et le plus doué. Une fois entré, il nous ronge à la base comme un cancer. Il vous ressemble bizarrement, citoyen Goldis! Est-ce que quelqu'un veut prendre la parole et nous donner son opinion?... Personne n'ose parler aujourd'hui? On voit qu'il s'agit d'un cas dangereux! Conformément au statut du Parti, je demande si le Bureau du Comité municipal consent à l'annulation de la décision de l'Organisation du Parti du dépôt de locomotives. Lesquels d'entre vous votez *pour*?

L'air soumis, évitant mon regard, les membres du Bureau du Comité municipal levèrent, l'un après l'autre, leurs grosses mains tremblantes. Ce que proposait le premier secrétaire était une chose sacrée.

Le refus du Bureau du Comité municipal fut reçu avec colère au dépôt de locomotives. Les communistes se sentaient blessés dans leurs convictions.

— Comment peut-on refuser un homme comme toi? me dit Stefan Iancu, chaudronnier et ancien prisonnier de guerre en Union Soviétique. Le grand pays du socialisme et du communisme, c'est la prison des peuples. J'ai vu de mes propres yeux et j'ai senti avec mon estomac l'enfer blanc soviétique. Je m'étonne souvent d'être encore en vie... Quand je suis revenu à la maison, tout le monde me croyait mort. J'avais perdu au moins quarante kilos. J'avais hérité aussi d'une centaine de poux, légués par les camarades soviétiques pendant neuf ans de travaux forcés en Sibérie. Presque toutes mes dents sont tombées et j'ai gardé un très beau rhumatisme. Au bout de cinq mois, j'ai réussi à sortir, je suis allé sur le boulevard: une centaine de jeunes scandaient comme des fous: «Staline, Staline, Staline!» J'ai fait un signe de croix en murmurant: *Pardonnez-leur Seigneur car ils ne savent ce qu'ils font.*

— Allons, du calme! J'ai perdu une bataille, mais pas la guerre, lui répondis-je. J'ai un moral du tonnerre.

160

Petit, les jambes arquées d'un soldat de cavalerie, la moustache coupée court, une démarche de canard, les habits imprégnés de suie, collectée sur les chaudières de locomotives, Stefan Iancu ressemblait beaucoup à Charlot, mon acteur préféré. Malgré la maladie rapportée de Sibérie qui le détruisait jour après jour, Charlot-Cheminot était d'un optimisme à toute épreuve. Son originalité et sa façon de se moquer de l'Union Soviétique le rendaient sympathique, pour tout le monde. Ses histoires satiriques où il parlait de la pipe de Staline, de l'attaque sur les cultures de pommes de terre de Karaganda, des ivresses carabinées des soldats soviétiques, de ses amours sibériennes avec les veuves des soldats et ses affaires avec les hommes soviétiques étaient toujours écoutées avec un grand plaisir le midi dans l'atelier de la forge.

Curieusement, personne de la *nomenclature* n'osait le mettre aux fers. Stefan Iancu était une archive... vivante.

Tout le monde l'aidait, lui offrant des cigarettes, ou de la nourriture. On lui donnait même une bouteille de bière à la fin du travail. Un beau jour, quand je travaillais encore à la chaudronnerie, j'avais découvert une faille dans une plaque tubulaire. J'aurais pu être récompensé d'une prime équivalent à la moitié de mon salaire. Mais je voulais aider *Charlot*.

— Dites au contremaître que vous avez découvert cette faille, lui dis-je. Je sais que votre salaire n'est pas suffisant et que vous vivez au jour le jour.

— Tu es un brave homme, avec un grand cœur, me répondit Charlot avec des larmes de joie dans les yeux. Dis-moi, n'as-tu rien à faire avec cet argent?

— Vous en avez plus besoin que moi. Je ne suis pas un homme riche. Mais ma femme travaille aussi et je reçois de temps en temps de l'argent supplémentaire de la part de journaux.

Quelques jours après l'infirmation de mon dossier au Comité municipal, les journaux de la région de Banat cessèrent de publier mes articles et mes reportages. Le poste de la radio suivit leur exemple. Chaque rédaction essaya d'apporter des motifs justifiables. Mais je savais que la volonté de Ion Baba était la cause de cette censure. Quand j'appelais un rédacteur au téléphone, sa secrétaire disait qu'il était sorti. Leur *grève* fut totale et ça me permit d'aller à la pêche et de m'occuper un peu plus d'Ovidiu-Georges.

Le secrétaire de l'Organisation du Parti, lui aussi, m'évitait. Depuis mon infirmation, il ne me confiait aucune tâche.

— Il fallait attendre un an ou deux encore, jusqu'au moment où le camarade Baba prendra sa retraite, me reprocha-t-il un jour.

— Ce fut la volonté unanime de l'Organisation du Parti, répliquai-je. Je ne comprends pas pourquoi vous êtes fâché contre moi et contre tout le monde.

— Tu as raison. Notre bureau d'Organisation est convaincu que tu es un homme exceptionnel. Si ce n'était ce dossier de Brasov qui te broie comme une meule...

— Je serais peut-être ministre, ou rédacteur en chef à *L'Etincelle*, répondis-je avec ironie.

En fait, j'étais étiqueté comme *exclu*. Ce mot tuait pour moi tout espoir de promotion. J'aurais pu renverser les montagnes, inventer la bombe roumaine à neutrons: ça n'aurait rien changé. Je restais un ennemi du socialisme.

Pourtant, au bout de quelques mois, les rédactions des journaux et les dirigeants du Parti et du dépôt se rendirent compte qu'ils ne pouvaient se passer de mon talent et de mon travail. Les gens téléphonaient à la rédaction d'Arad demandant de mes nouvelles. Même le rédacteur en chef Craciun Bontulescu foula ses principes aux pieds malgré sa peur du premier secrétaire Baba. Il se remit à me publier. Ma plume lui manquait trop!

Pendant les deux mois suivants, une trentaine de mes reportages et articles parurent dans son journal. Le journal de langue hongroise suivit son exemple.

Au début d'avril 1964, à Bucarest, avaient commencé les travaux de la réunion plénière du Comité central du Parti Ouvrier Roumain.

— Quels mensonges vont-ils encore inventer? me dit *Charlot* à la forge en lisant, le midi, le communiqué publié par *L'Etincelle*.

— Ils vont augmenter nos salaires! plaisantai-je.

— Que le Seigneur soit avec nous! me répondit-il, espérant une amélioration dans son ordinaire.

En lisant attentivement le communiqué, je me rendis compte qu'il s'agissait d'une plénière vraiment différente de toutes les autres qui s'étaient déroulées depuis une vingtaine d'années.

Hélas! Ma *pieuvre soviétique* reserrait officiellement son étreinte. Je ne m'étais pas trompé, j'étais purement et simplement un visionnaire.

Les *Sovroms*, c'est-à-dire les sociétés mixtes soviéto-roumaines, tant louées à l'époque, servaient, en réalité, de bras diaboliques à l'immense pieuvre qui avait accaparé, avec une *gourmandise* sans bornes, absolument toutes les richesses du pays.

Elles étaient considérées, avant la réunion plénière d'avril, comme de vrais modèles de collaboration économique *de type nouveau*, diamétralement opposées aux trusts et aux compagnies impérialistes. En effectuant un reportage spécial à Bicaz, un ouvrier m'avait décrit le vol de notre bois par les frères soviétiques.

— Savez-vous, me dit Badea Cuptoare, que pour un mètre cube de bois de charpente, les *bienfaiteurs* et les *libérateurs* du peuple roumain payent l'équivalent de deux cents grammes d'eau-de-vie? Si un pauvre roumain a froid, et s'il n'a pas les moyens d'acheter du bois, il ne peut même pas prendre un arbre mort sans être puni. Il est considéré comme un criminel qui s'accapare de la richesse publique. Personne ne s'intéresse au déséquilibre produit dans la nature par le déboisement forcé. Il faudra l'équivalent d'une vie humaine pour refaire la beauté de nos forêts!

J'étais tout à fait d'accord avec Badea Cuptoare. Il restait d'immenses blessures à panser dans les *forêts de cuivre*, comme le chantait notre poète national, Mihail Eminescu. Ça s'était passé comme dans le conte où la sorcière détruit d'un seul coup sept frontières. Là-bas, je ramenais des framboises en maudissant nos *bienfaiteurs désintéressés*.

A Stei, en Transylvanie, à l'époque où j'étais journaliste à plein temps, les compteurs Geiger avaient signalé aux amis russes la présence d'uranium. Ces gisements auraient pu nous fournir de l'énergie nucléaire pour au moins un siècle. La *pieuvre soviétique* s'y installa comme chez elle. Les douces montagnes du Bihor firent connaissance avec les envahisseurs soviétiques. Ils forcèrent le *cœur* de la montagne avec la voracité d'une armée géante de rats. Je voyais chaque jour plusieurs wagons de minerai se diriger à toute vitesse vers l'Est. Cet uranium plaisait tant aux Soviétiques qu'ils vidèrent le gisement entier.

J'essayai de faire publier un reportage sur la vie des mineurs malades à cause des radiations d'uranium. Dans la première phase de la maladie, ils perdaient leurs cheveux et devenaient impuissants. On me montra la porte. En voyant les films soviétiques dédiés à la guerre pour la défense de la patrie soviétique, j'avais toujours un sourire ironique face à cette fausse image de l'armée soviétique, dite *libératrice*.

J'ai eu la chance de très bien la connaître; j'ai une mémoire précise et je me souviens de quelques anecdotes, tristes ou drôles, concernant ces fameux héros soviétiques.

Cela se passait par une soirée d'octobre 1944. Tout à coup, dix soldats soviétiques entrèrent dans la cour de notre maison. C'était à l'heure où les poules et les poulets étaient déjà couchés dans les arbres de la cour, et les Soviétiques le savaient.

Comme pour une bataille, ils se mirent à tirer sur les arbres. Les poules et les poulets tombèrent raides morts les uns après les autres. Quelle chasse sauvage de la part de nos *libérateurs*! Je pleurais derrière la fenêtre du corridor en les voyant remplir leurs havresacs. Ils avaient tué mes poulets préférés. J'avais empêché ma mère de les sacrifier tout au long de l'été...

Les *braves soldats* partirent et le silence revint. La bataille contre les poules et les poulets avait été de courte durée mais efficace. Aucun soldat soviétique n'était mort! Staline devait être *fier*.

Ma mère eut le courage de réclamer des dommages-intérêts au commandement soviétique qui siégeait à la mairie. Pour plus de cinquante poules et poulets, on lui donna une vingtaine de kilos de viande de porc; rien n'y fait...

Le soir-même, les mêmes soldats soviétiques attaquèrent la cour de père Poleacu, notre parent et voisin. Cette fois, leur chasse fut plus ensanglantée. Ils partirent avec une centaine de gallinacés. Un soldat s'arrêta devant notre porte et déchargea son *automat*. Le lendemain, je regardai notre porte: elle ressemblait à un fromage suisse. Ma mère comprit bien l'avertissement.

Quelqu'un les avait informés qu'il y avait une grande pêcherie sur le territoire de la Commune. Je venais de sortir pour jouer avec mes amis. Les *libérateurs* m'ont pris en otage me demandant, les *automats* dirigés vers ma tête, où se trouvait *Rîba*. Je ne connaissais rien de cette langue étrange. Un vieux cheminot s'approcha alors de nous. Il s'agissait d'un ancien prisonnier de la première guerre mondiale. Il me traduisit, mot à mot, les désirs des soldats soviétiques. Je connaissais bien l'endroit, c'était à côté de la rivière Teuzi, là où je pêchais tout l'été. Il y avait des poissons qui s'échappaient de la pêcherie.

Aussitôt arrivés sur le territoire de la pêcherie, les soldats se mirent à tirer pour effrayer le Baron Maller qui surveillait la pêche...

L'effet escompté fut immédiat et les *libérateurs* se transformèrent en pêcheurs adroits. On mit tous les outils à leur disposition. Personne ne voulait être tué.

En une heure, ils avaient pêché plus de trois cents kilos de belles carpes. Le pillage fut partagé en trente-cinq parts égales. Quant à moi, le guide, je reçus deux grosses carpes comme récompense. Au lieu d'aller tout de suite chez moi avec mes gros poissons, je restai encore quelques minutes. Ce fut un mauvais choix. Un gardien reçu l'ordre du baron de me confisquer les poissons. On se vengeait contre moi parce que j'avais conduit les soldats chez lui.

Je ne dis mot et je me dirigeai vers la forêt voisine où s'étaient installés les soldats soviétiques. Ils allumèrent un gros feu, ils préparèrent leurs poissons et les firent rôtir. Plusieurs bouteilles d'eau-de-vie, prises par la force des armes, furent débouchées sur l'herbe et le festin commença. La forêt résonnait des chansons de guerre soviétiques dans lesquelles les noms de Staline et de Katiusa revenaient souvent.

Je m'approchai des *fêtards*. Ils me donnèrent du poisson frit et de l'eau-de-vie à volonté pour me réchauffer. J'étais affamé et je mangeai bien et je bus, sous les regards amicaux des soldats. J'étais maintenant leur ami. Certains, plus âgés, pensaient peut-être à leurs enfants. Par toutes sortes de signes, je leur fis comprendre que mes Roumains m'avaient dépossédé des poissons qu'ils m'avaient donnés. Un caporal sortit de son sac deux poissons et je récupérai, sur le champ, ma perte. Le hasard amena près de mes héros la fille d'un grand propriétaire terrien. Elle avait à peine seize ans, elle était vêtue de son uniforme du lycée Notre-Dame. C'était une très belle fille que j'admirais pendant les vacances à Cermei. Elle cherchait une vache qui s'était égarée dans la forêt. Elle me salua amicalement. Je lui répondis d'un regard sur ses belles jambes...

Subitement, elle se mit à fuir vers le château de sa famille, elle s'était rendu compte du danger imminent. Dix-sept soldats soviétiques se levèrent, la poursuivirent, l'encerclèrent comme des chacals, la prirent dans leurs bras et la violèrent comme de vrais sauvages. Etant tous satisfaits, ils l'abandonnèrent dans ce coin de la forêt, plus morte que vive, les vêtements déchirés et tachés de sang. Je me sauvai des *libérateurs*. Je lui donnai un coup de main pour se relever et je la conduisis chez son père par un sentier que je connaissais depuis longtemps. Je fus terrifié par le méfait des soviétiques et je pleurai en retournant chez moi. Je jetai les poissons que j'avais reçu du caporal.

Un autre soir, un soldat soviétique entra chez nous. Il était armé d'un «automat» et d'une bouteille pleine d'alcool médical. Ma mère lui servit un bon souper. Mais le soldat ne cessait de boire de cette boisson toxique. Il aurait pu mourir sur place. Mais non! Sa résistance était incroyable. Pourtant, vers minuit, il s'endormit, la tête sur la table. On eut besoin de l'aide d'oncle Tonica pour le coucher.

Personne ne sut ce qui était vraiment arrivé pendant la nuit, on en vit seulement les résultats. Le duvet de la couverture était répandu dans toute la chambre à coucher. Le pauvre Ivan Sidorov en était entièrement recouvert. On supposa qu'il avait fait un trou dans la couverture avec les éperons de ses bottes. En se réveillant, il eut honte de sa mauvaise action. Il nettoya sommairement ses vêtements, fit ses bagages, m'embrassa et partit pour Berlin. C'était le rêve, une vraie obsession pour tous les soldats soviétiques.

Après les filles, on dut cacher les chevaux. Les Cosaques étaient fous des chevaux roumains. Ayant été averti par mon oncle Tonica, mon grand-père Mihai construisit une ingénieuse cachette entre les meules de paille et de foin, disposées dans son jardin. Les chevaux, que j'aimais tant, restèrent longtemps sans être découvert par les *voleurs en uniforme*.

Un beau jour, deux Cosaques entrèrent chez mon grand-père. Ils dirigèrent leurs sabres contre la poitrine du maître de la maison. Mon grand-père Mihai comprit que quelqu'un l'avait trahi. Il se dirigea vers le jardin, fit sortir les chevaux, les caressa longuement et les donna aux Cosaques en les maudissant:

— Que Dieu vous châtie!

Quant à moi, je pleurai en soupirant toute la journée. César et Nonius avaient grandi avec moi; c'était moi qui les avais conduits le plus souvent au pâturage. Je les avais apprivoisés dès les premiers instants et ils hennissaient dès qu'ils m'apercevaient. Ils étaient aussi les derniers souvenirs de mon oncle Craciun, mort en Russie.

Voilà l'image du soldat soviétique tel que je l'ai connu.

— 15 —

Ce fut le *Plan Valev* qui fit déborder le vase en 1964. Cet ingénieur russe voulait supprimer la Roumanie et partager son territoire entre ses voisins.

Le sang moldave de Gheorghe Gheorghiu-Dej, en rage, se mit à bouillonner et, pour cet acte courageux, on lui pardonna plusieurs fautes commises depuis son arrivée au pouvoir. Le Comité municipal du Parti tint une réunion plénière, élargie extraordinaire, où on discuta des documents de la plénière d'avril. J'y fus invité en tant que représentant de la Jeunesse Ouvrière.

Le premier secrétaire, Ion Baba, prit la parole. Il critiqua le manque de justice dans les relations roumano-soviétiques; il fut d'une dureté sans bornes contre l'ami qu'il avait défendu comme un cerbère quelques mois plus tôt. Il nous parla du commerce déficitaire que faisait l'industrie de la ville avec l'Union Soviétique.

— Les directeurs du *Sovrom* tiennent les leviers de commande. Les Roumains sont devenus des esclaves dans leur propre maison, dit-il avec une révolte qui me parut sincère.

Malgré tout, je n'en croyais pas mes oreilles. Tiens, tiens, pensai-je, la trahison fait-elle aussi partie de l'idéologie communiste? Cet homme est-il vraiment une fripouille? Ce n'est pas possible! Avant la réunion plénière d'avril, il aurait été capable de me couper en morceaux et de me donner aux chiens à cause de son amour pour l'Union Soviétique et du communisme!

Pauvre Parti qui a des hommes de cet acabit! Est-ce le début de la fin? Si j'étais à sa place, je démissionnerais. Je resterais du côté de mon ancien ami coûte que coûte. Ion Baba est un putain de merde.

Durant la première pause de la réunion, il vint à ma rencontre et me serra la main avec une chaleur inimaginable. Il me dit, tout bas:

— Pardonne-moi, estimé camarade (je n'étais plus le «citoyen ennemi»). Quand nous avons discuté de ton dossier (tiens, tiens, il me tutoyait), personne ne prévoyait un tel tournant dans la politique du Parti envers l'Union Soviétique. Tu es un martyr, tu possèdes une clairvoyance extraordinaire. Plusieurs ne te pardonneront pas d'avoir été le premier.

— Les prophètes ne connaissent jamais la gloire pendant leur vie, répliquai-je.

— Nous, les autres, n'avons pas vu plus loin que le bout de notre nez, nous n'avons pas vu la forêt à cause des arbres. Est-ce que tu me pardonnes pour mon attitude envers toi? C'est moi qui avais demandé aux journaux d'Arad de ne plus te publier.

— Vous avez eu peur pour votre siège. Je n'ai aucune rancune, camarade Ion Baba. C'est votre changement de fidélité qui m'étonne. Croire en une idéologie, c'est comme être marié pour la vie avec la femme aimée.

— Tu es perspicace, estimé camarade. Mais c'est normal d'avoir peur d'un si grand pays. Je t'avoue qu'au moment où j'ai lu les documents de la plénière, j'ai accusé le choc, j'ai senti qu'une vie commençait à mourir en moi. J'aimais l'Union Soviétique et Staline plus que ma famille. On pensait construire en Roumanie une société juste et démocratique. C'est l'Union Soviétique qui possédait *les réponses* à nos questions. Au nom de notre future réussite, nous avons frappé cruellement des innocents, comme toi, et des milliers d'hommes ont payé cher l'apprentissage du socialisme. Maintenant, notre Parti ose dire: «Ça suffit, Ivan! Finissez-en avec vos abus de pouvoir. Relâchez le joug qui nous retient!» Il faut que je me conforme...

— Est-ce que je peux faire une nouvelle demande de réhabilitation? dis-je afin de connaître son opinion.

— Je ne peux rien te dire pour le moment. On attend des précisions de la part du Comité central. De toute façon, c'est toi qui sors gagnant.

La saga des documents de la Plénière d'avril continua parmi les représentants de la jeunesse. A cette réunion plénière du Banat, Gheorghe Gheorghiu-Dej envoya son *bras droit*, le secrétaire Nicolae Ceauşescu. Il était considéré le plus dynamique et le plus ambitieux de son entourage. Il me paraissait pourtant modeste. Il souriait presque tout le temps au praesidium, il était aimable avec tout le monde, il n'y avait rien de démesuré dans son attitude. Il semblait apporter une atmosphère fraîche dans ce monde vétuste d'activistes bornés.

Après le discours du premier secrétaire de la région sur lequel plusieurs camarades prirent la parole, un colonel de la *Securitate* sollicita la permission de dire quelques mots:

— Depuis la Plénière d'avril, la *Securitate* se trouve dans l'incertitude, commença-t-il. La population parle contre l'Union Soviétique, se moque d'elle comme d'un singe. Je voudrais profiter de la présence du camarade Nicolae Ceauşescu, secrétaire du Bureau politique, pour avoir quelques précisions.

Nicolae Ceauşescu se leva agilement du praesidium tandis que l'assistance se mettait à applaudir avec frénésie. Il la pria de cesser les applaudissements, il s'approcha de la tribune, puis il prit la parole, avec son accent de paysan d'Oltenie.

— Estimés camarades et amis, notre Parti a analysé, en toute responsabilité, plusieurs des aspects qui concernent ses relations avec le Parti communiste de l'Union Soviétique. Je ne voudrais pas répéter ce que vous avez déjà dit depuis le début de nos travaux. Mais il me faut répondre aux questions posées ici. J'aimerais commencer avec le camarade colonel de la *Securitate*. Il nous pose un problème juste, de grande actualité.

Il est normal que les gens se mettent à parler après vingt ans de silence. Donc, camarade colonel, quand vous les rencontrez, il faut que vous les arrêtiez, que vous les emmeniez jusqu'au premier bistrot. Vous y entrez et vous leur payez un verre de vin. C'est tout pour le moment.

L'assistance éclata en applaudissements. Je riais du fond du cœur de cette *mise au point* au colonel de la *Securitate*. Je lus sur son visage une amertume totale. Il perdait une clientèle importante.

En retournant chez moi, je pensai à Nicolae Ceauşescu. Il était le principal gagnant des travaux de la plénière du Banat. Par ses réponses simples, et quand même différentes, il avait posé la première pierre à l'édifice de sa future popularité.

Mes amis infidèles se retournaient soudainement, comme des hirondelles vers leurs vieux nids. Ils cherchaient mon amitié au prix de viles humilités. Il n'était pas si loin le temps où ils m'avaient laissé emprisonner et où ils avaient bâti une muraille, haute comme celle de Chine, devant mon avenir. Je les traitai avec dédain, les renvoyant dans le sexe de leurs mères.

Donec eris felix, multos numerabis amicos! leur dis-je, citant Ovide. Seuls les cheminots me paraissaient conséquents dans leurs opinions. Ils me félicitaient de tout cœur; ils étaient fiers que, parmi eux, travaille et vive, jour après jour, un tel homme qui avait dénoncé, cinq ans à l'avance, les faits que le Parti leur avouait maintenant.

Pourtant je ne considérais pas la partie comme gagnée d'avance. Quelque chose me disait que ces joies inattendues seraient de courte durée, comme les vagues de l'océan sous la force de l'attraction lunaire.

J'étais prêt à parier que Gheorghe Gheorghiu-Dej et les siens seraient rappelés à l'ordre dans un très bref délai. Comme d'habitude, les Soviétiques commenceraient par des sanctions économiques, suivraient les intrigues politiques, puis l'attentat caché contre la vie de Gheorghe Gheorgiu-Dej.

— Il faut battre le fer quand il est chaud, me conseilla le rédacteur en chef-adjoint du journal *L'Usine et la Terre Labourée*. Saisis la chance de te faire réhabiliter totalement. Tu le mérites. Je te prie de me pardonner d'avoir été si sévère avec les articles et les reportages que tu nous as écrits ces derniers mois. C'était la ligne tracée par le Parti lui-même contre *les exclus*.

— Ecoutez, j'ai discuté de ce problème avec le camarade Baba. Il m'a dit qu'il attendait des précisions de la part du Comité central. En fait, si je pense logiquement, c'est le Parti entier qui doit se réhabiliter avant moi.

— L'homme politique n'a jamais de scrupules. Souviens-toi de Nicolas Machiavel, suis ses conseils. Seul un révolutionnaire de profession pourrait synthétiser en deux mots la plus cruelle exploitation d'un type dit *nouveau*. *Pieuvre soviétique*, c'était génial, cher camarade Goldis. Je suis très fier que, parmi les collaborateurs d'élite de notre journal, il y ait un homme si clairvoyant.

— Qui, parmi vous, peut me rendre les jours et les nuits passés en réclusion? répliquai-je avec une colère à peine retenue. Qui me rendra mes amours tuées avec préméditation par les activistes de l'Union de la Jeunesse? Quelle justice en ce monde me rendra l'honneur outragé dans la fange du mensonge et de l'hypocrisie? continuai-je.

— C'est notre Parti qui te rendra le *tout*. Il est capable de faire une autocritique sévère et de reconnaître sincèrement ses fautes, commises dans une certaine étape historique.

— Pauvre de lui. Comme il est généreux? Savez-vous combien ont payé de leur liberté et de leur vie ses fautes de l'époque contemporaine? J'y suis allé dans cet abattoir humain qui ressemblait étrangement aux camps de concentration d'Hitler.

— Toutes les révolutions au monde ont eu à payer leur tribut en sang versé. Les morts innocents pendant l'enfance du socialisme entreront plus tard dans la galerie des héros de ce peuple.

— Tardive et inutile récompense, résumai-je. Le camarade Nicolae Ceauşescu a dit à Timisoara que *de telles choses ne doivent jamais se répéter*.

J'abandonnai le perfide rédacteur en chef-adjoint en crachant des injures à son adresse au fond de mon âme. Il crevait dans sa peau comme un porc à la veille d'être abattu. Il me couvrait d'éloges en oubliant les faits antérieurs. C'était lui qui avait le plus massacré mes articles et reportages au nom de la vigilance révolutionnaire. C'était un vrai caméléon...

Je me dirigeai vers la bibliothèque municipale. Les dates de deux examens importants approchaient. Il s'agissait de mon entrée à l'université. Je voulais réussir *magna cum laude*[1]. Dorénavant, comme tous les autres détenus politiques qui venaient d'êtres libérés, je pouvais continuer mes études. Mon *sixième sens* bourdonnait dans mes oreilles me dictant qu'il me fallait une alternative au journalisme. Ainsi, en devenant professeur, ma femme échapperait aux insultes de sa famille et de certaines de ses collègues. On m'appelait, en dérision, *cheminot*, *chaudronnier* et ainsi de suite, malgré le fait que mon niveau de culture était déjà supérieur à la moyenne.

Mes amis intimes m'appelaient *la bibliothèque* à cause de mes connaissances variées dans tous les domaines. A vrai dire, je ne fondais pas de grands espoirs en ma réhabilitation totale. Je fus appelé au Comité régional du Parti et je fus même reçu par le second secrétaire. Celui-ci m'accueillit avec une chaleur exagérée. Il me promit que je retrouverais mes droits. Mais je ne le crus pas. Les dirigeants du Parti, à tous les niveaux, m'avaient trop souvent trompé. Je ne croyais plus en personne, ni en rien.

C'est pourquoi je regardai le secrétaire du Comité régional avec un regard ironique et je ne crus pas un mot des éloges que valait ma clairvoyance extraordinaire dans le *problème soviétique*.

Etiez-vous aveugle à cette époque-là? pensai-je à la volte-face du deuxième secrétaire.

---

[1] Mention très honorable.

L'ancien ouvrier Ion Gluvacov (d'origine serbe ou bulgare) portait un costume de pure laine, aux doigts un anneau et une chevalière incrustée de pierres précieuses; il fumait des cigarettes américaines et on sentait dans son bureau un parfum parisien.

La nomenclature change et apprend à vivre, réfléchissais-je en quittant le luxueux bureau du deuxième secrétaire de la région de Banat.

Maintenant, j'étais sûr que personne n'oserait plus me reprocher mon attitude anti-soviétique. Le silence que j'avais désiré depuis si longtemps, je l'avais enfin!

Je me préparai de toutes mes forces pour l'examen d'admission. J'étudiais même au travail, entre deux locomotives entrées aux réparations.

Le jour établi, l'examen arriva. Je me présentai de bonne heure (les cheminots avaient la réputation d'être très ponctuels!) et j'entrai dans le grand amphithéâtre. J'étais émotionné comme un gamin, j'avais des papillons dans l'estomac. Je regardai autour de moi et je vis des centaines de filles et de jeunes hommes à peine sortis de l'école secondaire. Les candidats de mon âge ou plus âgés que moi étaient rares. A cause de cela, je me sentis un peu gêné…

La commission d'examen fit son entrée. Le président sortit de sa serviette une enveloppe blanche, scellée. C'était une lettre, arrivée le matin-même, du Ministère de l'éducation. Le président la fit passer parmi ses collègues afin qu'ils constatent qu'elle n'avait été ouverte par personne. Puis il l'ouvrit, s'approcha du grand tableau pour écrire les deux sujets parmi lesquels nous avions à choisir:

● Le rire dans l'œuvre de Ion Luca Caragiale;

● Analysez le profil du héros communiste dans la littérature contemporaine.

Avant d'avoir fait mon choix, les membres de la commission d'examen cachèrent les noms de tous les candidats. J'optai pour le premier sujet que je connaissais tant. Je conçus un plan sur la seule feuille admise, à part du papier estampillé d'examen. Puis je mis ma montre sur le banc et je commençai à écrire. Mon petit essai sur le rire dans l'œuvre du classique de la littérature roumaine, Ion Luca Caragiale, prenait de plus en plus la forme désirée par les examinateurs. Une bataille était déjà gagnée. J'étais fou de joie et j'attendais l'examen de grammaire de pied ferme. J'étais capable d'analyser les phrases de n'importe quel écrivain roumain.

Il y avait quatre cent cinquante candidats pour les quatre-vingts places disponibles. A la fin des examens, j'arrivai à la troisième position! Pas mal pour un homme de trente ans.

En revenant des examens, je reçus des félicitations de partout. Mais j'étais à bout de forces. S'ajoutaient aussi les rhumatismes que j'avais *hérités* dans ma cellule de réclusion et qui s'étaient aggravés dans les canaux humides du dépôt de locomotives. Il me restait encore deux semaines de vacances.

Comblée de joie par ma réussite, ma femme me proposa une solution:
— Va vite chercher un billet de traitement au bord de la mer. Vas-y seul.

C'était la première fois que je partais en vacances sans ma famille. Le syndicat du dépôt défraya une partie du coût du billet. J'embrassai les miens et je montai, la fin de semaine, dans le train rapide qui allait jusqu'au bord de la mer Noire. Une douzaine d'heures plus tard, je m'installais dans une belle villa, non loin de la falaise.

En matinée, j'allais à la plage. Je réservais mes après-midis aux traitements avec de la boue, dans le lac Techirghiol. Cette boue miraculeuse, combinée au soleil, guérissait, temporairement, mon rhumatisme épouvantable.

Ironie du sort, je fis connaissance d'un groupe de touristes soviétiques qui habitaient une villa près de la mienne. Je fus surpris de leur mise, modeste: ils étaient plus élégants dans les films. Ils parlaient plutôt français que russe. Ils me firent part de leur déception: les Roumains avaient attribué les plus belles villas aux touristes de l'Ouest. Inouï, absolument. Jusqu'alors, ils *louaient* pour un prix dérisoire de splendides maisons en bordure de la mer.

Je me comportai princièrement envers les *maîtres d'antan* du littoral roumain. Je les invitai à un restaurant spécialisé en fruits de mer et je payai la facture.

Je n'étais pas capable d'haïr un peuple entier à cause de la faute de ses dirigeants. Je regardais, vraiment gêné, les pantalons usés de l'architecte de Moscou. Ils me donnèrent un petit portrait de Lénine, gravé sur une plaque d'argent. Je le mis dans ma poche, leur promettant de l'exposer dans ma bibliothèque.

Un jour de juillet, comme je sortais de l'eau, j'entendis une voix m'appeler. Cette voix, au timbre velouté, était gravée au fond de ma mémoire. C'était elle; elle ne portait plus ses tresses de jadis, couleur d'ébène, mais c'était bien elle; un enfant jouait à ses côtés.

179

— Diana!

— Georges! Que le monde est petit!

Je baisai longuement les mains bronzées de Diana. Nous nous regardâmes profondément quelques secondes. Soudainement, nous nous embrassâmes, comme autrefois sur la montagne de la Cité. J'eus, un moment, l'impression que Diana était sortie d'une autre galaxie et qu'elle revenait à la dérobée dans ma vie.

Elle me donnait son plein, elle donna libre cours à ses larmes...

Mais l'illusion fut de courte durée. L'enfant à côté d'elle, qui était de sa chair, me regardait étonné:

— C'est ton fils, Diana?

— Oui.

— Il te ressemble beaucoup.

— Crois-tu?

— Oui... Dis-moi Diana, es-tu heureuse?

— Je n'ai jamais été plus malheureuse qu'aujourd'hui, me répondit-elle d'une voix triste.

— Je me demande comment tu as pu me trahir. Nous avions prêté serment le jour de ton anniversaire.

— Pardonne-moi, Georges! Essaie de penser à la machination morale montée autour de moi. A cette époque-là, je ne savais pas que tu étais en prison et que tu souffrais énormément. J'ai cru que tu avais trouvé une autre fille. Souviens-toi, je n'ai reçu aucune lettre de ta part, aucun coup de téléphone pour m'apprendre la vérité.

— J'étais coupé brutalement du monde. On m'avait enterré vivant. Je pensais toujours à toi, je te revoyais souvent dans mes rêves.

«Nous étions dans le parc de la Cité, assis sur un banc. Nous nous embrassions longuement, nous jouions l'amour à vie. Quelqu'un nous aperçut et dit: «Quelle beau couple!»...

— Pauvre moi! Je mérite pleinement la disgrâce de Dieu!

— Comment se comporte-t-il, le camarade?

— Comme une brute. De plus, il est jaloux comme un taureau. Il me donne des taloches sans aucune raison. Un mariage sans amour partagé, c'est comme le bagne pour la vie.

— J'en suis convaincu.

— Toi? Est-ce que tu es marié?

— Me rendant compte que tu étais perdue pour moi, j'ai décidé de fonder une famille. Je n'avais pas d'autre choix. J'étais tellement seul après ma sortie de prison. Je regagnai Deva et j'appris l'histoire de ton mariage par l'intermédiaire d'un ancien collègue de rédaction. Je restai là-bas une journée, espérant te revoir. Puis je fus obligé de retourner à Arad. Je n'avais pas l'argent pour me payer une chambre à l'hôtel.

— Sépare-toi de ta femme. Nous pouvons vivre ensemble et refaire notre vie.

— Cette idée m'a effleuré l'esprit en te voyant si belle et si séduisante. Mais j'ai déjà un enfant et ma femme est restée à mes côtés quand tous m'abandonnaient. Je ne suis pas un valet de carreau et je ne peux la quitter.

— Mais je t'aime, Georges! Je m'enferme dans ma chambre pour regarder ta photo et je pleure, je pleure. Je suis encore folle de toi.

— Moi aussi, je t'aime Diana! Tu restes l'amour de ma vie. Dorénavant, tu seras comme une icône cachée au fond de mon cœur. Je me souviendrai de Diana, de la belle fille que j'ai connue par hasard...

— Pourras-tu me pardonner?

— Autant que je peux en juger, aucune haine ne s'est installée dans mon âme. Je t'ai pardonné depuis longtemps.

— Au revoir, cher Georges! Et n'oublie pas ta pauvre Diana.

— Au revoir, chère Diana! Sois forte et porte ta croix. Je t'ai tant aimée...

Je lui baisai les mains avec tendresse. Les larmes aux yeux, j'attendis qu'elle soit disparue parmi la foule des touristes. J'aurais pu la reconduire jusqu'à la villa où elle demeurait, mais une possible rencontre avec son mari m'aurait rempli d'horreur.

Pourtant, pendant quelques jours, je revécus intensément le rendez-vous inattendu d'un instant. J'aurais pu partir tout de suite avec Diana. Elle avait tant besoin de moi. Ses yeux reflétaient une tristesse immense. C'était elle qui regrettait le plus l'erreur qu'elle avait faite. J'étais sûr qu'elle m'aurait suivi jusqu'au bout de la terre.

Plusieurs fois, je vins près de répondre à ses sentiments. Je me disais qu'on ne devait pas rater la dernière chance. Mais aussitôt, je voyais les visages de mon fils et de ma femme. «Papa, le violon pleure», me souvenais-je d'Ovidiu-Georges. Ma double responsabilité me détermina à effacer tout projet concernant une fuite éventuelle avec Diana.

Début mars 65. Gheorghe Gheorghiu-Dej était gravement malade. Quand je lus, dans le journal *L'Etincelle*, sa lettre adressée à l'Assemblée nationale, je me rendis compte que les heures de sa vie étaient comptées. Ma supposition fut confirmée le lendemain...

Bon gré, mal gré, j'étais lié à l'époque disparue. J'avais commencé mon école technique au *Centre Scolaire Gheorghe-Gheorghiu-Dej*. J'avais des professeurs d'élite et des conditions vraiment intéressantes pour apprendre un métier. L'ancien cheminot regardait encore derrière lui avec fierté. Il revenait souvent à Grivitsa, partout où il avait travaillé et lutté...

Plus tard, dans une autre étape, je l'avais connu complètement changé. Il était devenu aussi dur que son génial modèle du Kremlin. Je le considérais coupable de la mort de Lucrèce Patrascanu (qui pouvait lui porter ombrage) et de plusieurs milliers d'intellectuels dans les prisons et sur le chantier Danube-mer Noire.

Plutôt mourir que se déshonorer. Il avait fait volte-face devant l'Union Soviétique en avril dernier. Il avait voulu se réhabiliter à tout prix aux yeux des Roumains.

La libération des détenus politiques n'était pas restée sans trace dans mon cœur sensible.

Je m'étais demandé s'il n'était pas un faux stalinien. Je l'ai vu pour la dernière fois à Timisoara. Il devait rencontrer le maréchal Tito. Gheorghe Gheorghiu-Dej se trouvait dans un wagon spécial qui était stationné tout près du quai de la gare. Soudainement, il s'approcha d'une fenêtre ouverte et regarda les gens.

Moi, et d'autres voyageurs occasionnels, le saluâmes chaleureusement. Gheorghe Gheorghiu-Dej nous sourit sincèrement et nous salua de la main. Puis il se retira discrètement à l'intérieur de son wagon.

Je ne le reconnaissais plus depuis avril dernier. Il s'efforçait à dégager la Roumanie de la tutelle de l'Union Soviétique. C'était lui qui faisait alors la pluie et le beau temps en Roumanie. Sa mort fut un vrai coup de foudre, au moment où je reconnaissais un autre Gheorghe Gheorghiu-Dej (peut-être le vrai?), plus proche des intérêts du peuple.

On accusa à nouveau la main de Moscou. J'entendis dire qu'on l'avait empoisonné lentement par voie alimentaire, comme Napoléon en exil à Sainte-Hélène. D'autres dirent qu'il avait été irradié à l'occasion de sa dernière visite de travail à Moscou, et qu'il avait refusé d'être soigné là-bas.

Un très gros *meeting* eut lieu au dépôt de locomotives à l'occasion des funérailles. Malgré ses fautes, Gheorghe Gheorghui-Dej était à l'origine un cheminot. Plusieurs ouvriers avaient participé à la grève de février 1933, dont il était le leader incontesté. On les avait mutés à Arad après la grève; ils y étaient restés. Je les regardais en évoquant la figure du disparu: ils avaient les larmes aux yeux. A la fin du *meeting*, tous les mécaniciens firent siffler longuement leurs locomotives, comme si un des leurs venait d'être enterré.

— Adieu et qu'Il vous pardonne! dis-je en sortant du *meeting*.

— Qui, des actuels dirigeants du Parti, lui succédera? demanda mon ami Petre Ferariu.

— Ce sera Nicolae Ceauşescu, répondis-je sans hésitation.

— Est-ce que tu es voyant?

— Je suis plutôt neveu de voyante...

— Dis-moi donc tes raisons!

— Il est le plus jeune, le plus dynamique et le plus ambitieux. C'est Nicolae Ceauşescu qui a su flagorner Gheorghe Gheorghiu-Dej comme nul autre. L'ancien cordonnier est avide de pouvoir et il a fait ses études politiques à Moscou.

— Bon Dieu! Est-ce qu'il va prendre comme modèle *Papa Staline*?

— Pas pour l'instant, Petre. Je suis allé à Timisoara l'été dernier. Il combattait ma *pieuvre soviétique*. Mais qui sait? Nos ancêtres romains disaient: «Sutor, ne supra crepidam!» C'est-à-dire: *Cordonnier, pas plus haut que la chaussure*. Un homme peut changer s'il devient démesuré...

Comme je l'avais prévu, il remplaça Gheorghe Gheorghui-Dej comme secrétaire général du Parti.

L'ancien cordonnier était alors indubitablement populaire en Roumanie. Sur sa lancée d'émancipation face à l'empire soviétique, il m'apparaissait comme un solide garant de l'indépendance nationale à laquelle les Roumains étaient très attachés, craignant, à juste titre, une invasion de la Roumanie. Personnellement, j'espérais que mon tour ne soit pas trop loin. Mon passé aurait pu me propulser vers les hautes sphères de la presse.

Puis, subitement, Nicolae Ceauşescu se déchaîna comme un taureau sauvage dans une arène contre Gheorghe Gheorghiu-Dej, son ancien protecteur. Je lus *L'Etincelle* et ne sus à quoi m'en tenir. «Personne n'est un héros sur terre», dit-il à une séance plénière du Bureau politique, puis à l'occasion des visites de travail effectuées partout dans le pays.

— Le culte de la personnalité a été l'expression d'une grande faute politique de la part de Gheorghe Gheorghiu-Dej, continua-t-il. Il cherchait toujours à imposer sa volonté au Bureau politique. Il avait toujours le dernier mot.

Le vrai héros, c'est le peuple roumain qui construit la nouvelle société socialiste. Il a tout le mérite tandis que nous, les dirigeants communistes, nous avons seulement le devoir de le servir. La vie de Lénine est l'exemple que nous suivrons», conclut-il.

— C'est beau, dis-je. Mais c'est la pratique qui nous tue.

L'ingratitude de Nicolae Ceauşescu me semblait révoltante. Je me demandais ce qu'avaient fait les membres du Bureau politique quand le défunt commettait faute après faute. Le mort était coupable de tous les crimes, de tous les abus et de tous les échecs du socialisme. Peu importait que Gheorghe Gheorghiu-Dej ait eu une épée de Damoclès russe au-dessus de sa tête, que la *Securitate* ait été plus forte que lui et que cette maudite police secrète ait travaillé directement avec Moscou. Rien ne changeait aussi vite que les sentiments envers les dirigeants morts chez les communistes.

Je ne pouvais deviner que cet ancien cordonnier et général qui n'était pas sorti de l'Académie militaire allait porter le culte de la personnalité à des sommets encore jamais atteints au cours de l'histoire. Il était un vrai politicien, capable de cacher ses intentions.

Je me souviens comment ses discours sur les places publiques, et ses voyages en province, déclenchaient souvent des réactions d'approbation spontanée. Il fendait les foules sans crainte, serrant des mains, embrassant les enfants. Son parler paysan l'aidait drôlement.

Comme nul autre, il avait su retourner à certaines traditions si chères au peuple roumain. Il avait commencé par les chansons de l'âme...

J'étais heureux de chanter à nouveau *Réveille-toi, Roumain, Sur notre drapeau est écrit union, Ils ont été héros* et toutes les autres. Il n'y avait pas si longtemps, on payait de sa liberté et de sa vie si on avait le courage de chanter de telles chansons, considérées comme *réactionnaires* selon la nouvelle idéologie.

Le pas suivant, Nicolae Ceauşescu le posa dans le domaine de la littérature.

Je me souvenais que la période entre les deux guerres avait été la plus fertile pour la production de romans, de poésie, de critique littéraire et de théâtre. Ainsi on réédita les fameux philosophes que je lisais clandestinement avec tous les risques dont j'ai déjà parlé. J'avais dépensé beaucoup d'argent pour enrichir ma bibliothèque de ces livres *interdits*.

Le folklore, les costumes nationaux roumains, les groupes artistiques avec un programme de chansons et de danses roumaines commencèrent à retrouver leur grandeur de jadis. C'était l'Etat communiste lui-même qui leur assurait des conditions extraordinaires.

Les princes les plus grands de l'histoire de la Roumanie furent louangés pour leur patriotisme, pour leur amour du peuple, pour leurs victoires contre les envahisseurs de tous les empires. Le peuple avait toujours eu le culte de ses princes, bien différents des rois occidentaux. Etant au *carrefour de tous les vents*, la cour des princes roumains n'avait jamais été si éblouissante, si éloignée du peuple.

Dix-huit mois après sa prise du pouvoir, Nicolae Ceauşescu constata que la natalité avait diminué sensiblement. Il était plutôt partisan de la famille traditionnelle roumaine, avec beaucoup d'enfants. Lui-même était un de dix enfants du paysan Andrutsa Ceauşescu.

— L'avenir de notre nation est en danger, camarades! Je pense à interdire l'avortement pour les femmes qui n'ont pas atteint l'âge de quarante-huit ans ou qui n'ont pas encore donné naissance à quatre enfants. Je présenterai un projet de loi à la prochaine séance de l'Assemblée nationale», conclut-il à la fin d'une séance plénière...

Son projet devint bientôt loi, d'une sévérité sans précédent. L'Eglise catholique avait un rival de taille. Tout personne trouvée coupable (y compris le médecin) risquait la prison et d'autres sanctions. La *Securitate* créa un immense réseau d'agents secrets.

Je commençai à avoir de gros problèmes avec ma femme (comme tout le monde) à cause du *décret Ceauşescu*. C'était la fin de l'amour naturel, à volonté.

Elle croyait mourrir si jamais elle donnait naissance à un autre enfant. Elle se souvenait qu'elle avait très difficilement accouché d'Ovidiu-Georges. Malgré toutes nos précautions, ma femme tomba enceinte vers la fin de l'année. Elle me donna du fil à retordre; elle fit un scandale de *première classe*; elle voulait un avortement coûte que coûte.

Mettant toute la pression sur moi, elle espérait que je me rangerais de son côté.

Mais non, j'étais un ancien campagnard et ma conception concernant la famille n'était pas loin de celle du secrétaire-général du Parti. J'aimais les enfants et je ne pensais pas me limiter à Ovidiu-Georges.

— Je ne veux pas perdre l'enfant, ni que tu risques ta santé avec un avortement clandestin. C'est arrivé, et nous irons jusqu'au bout! dis-je d'une voix ferme qui n'admettait aucune concession.

— Si je meurs..., répliqua-t-elle désespérée.

— Pourquoi imagines-tu le pire scénario? Une naissance ne doit pas obligatoirement ressembler à une autre. Soyons optimistes. Les médecins roumains sont bons. Pour moi, chaque avortement est un crime déguisé. Les enfants sont le sel de la famille. Pouvons-nous leur enlever le droit de naître dans ce monde?

Ma femme se résigna. Parfois, elle pleurait en regardant longuement Ovidiu-Georges. L'idée de la mort la suivit pendant quelques mois...

Contre toute attente, elle eut une naissance absolument normale. Elle était toujours en vie, joyeuse d'avoir échappé à une obsession terrible. J'avais un deuxième fils; il pesait moins qu'Ovidiu-Georges, mais il était aussi beau. J'allai le voir le lendemain à l'hôpital; sa peau était un peu plus foncé que celle d'Ovidiu-Georges. Je l'embrassai sur le front et je remerciai ma femme pour ce deuxième héritier. Ma femme se rendit compte que sa peur avait été non fondée. Elle m'offrit toutes ses excuses.

— J'aimerais qu'il porte le nom de Horea[1]. Il me semble que l'époque de la poésie est dépassée, proposai-je.

— Je te donne mon assentiment, dit ma femme. C'est le nom le plus significatif que tu peux choisir.

Jour après jour, Horea devenait de plus en plus beau. Maintenant, c'était le *chouchou* de la famille. Ses grands-mères se disputaient pour le garder. Par contre, il n'était pas aussi silencieux que son frère aîné. Il pleurait souvent sans raison valable. Ma femme se fâchait contre lui. Un jour, elle le mit dans la chambre froide pour qu'il se taise. Ce fut ma belle-mère qui le récupéra pour le remettre dans son lit. En revenant à la maison, je m'approchais de son lit et je lui donnais ma

---

[1] Nom du principal dirigeant de la révolte paysanne de 1784 en Transylvanie contre l'envahisseur autrichien.

main. Il se calmait et s'endormait en me serrant la main, comme Ovidiu-Georges autrefois.

J'avais, tout près, un cours à l'université. J'apprenais le latin, le vieux slave et les autres cours tout en surveillant Horea. Il me semblait qu'il avait *l'étoffe* d'un enfant prodige.

Sans la loi Ceauşescu, je n'aurais jamais eu un deuxième enfant. Je pense que chaque loi a un bon côté. Le mauvais côté visait mon amour quotidien. J'étais devenu l'esclave du condom! Même protégée comme ça, ma femme avait peur à une déchirure possible du condom. A cause de cela, je m'approvisionnais au marché noir des meilleurs modèles au monde.

— Ce soir, on va en essayer un *français*! badinais-je avec ma femme.

Ce fut une période dure à supporter. Seules les femmes stériles se fichaient de la loi Ceauşescu. Elles étaient recherchées par les hommes comme des petits pains chauds. L'industrie des avortements clandestins connut un essor épouvantable. Combien de femmes risquèrent leur vie ou leur liberté pour s'opposer à une loi qui leur paraissait inhumaine?

Un poste de radio me demanda d'écrire un reportage sur une famille nombreuse. Rien n'était plus simple, un de nos cheminots était père de seize enfants. Son fils aîné travaillait déjà comme mécanicien de locomotives. J'annonçai ma visite, j'achetai deux kilos de bonbons et j'emmenai Ovidiu-Georges avec moi. Je voulais voir comment il réagirait.

Nous entrâmes dans la grande maison de la famille Hutsu. La maîtresse de la maison nous accueillit chaleureusement. Il y avait dans la salle à manger quatre, cinq enfants. Quelques minutes plus tard, j'eus l'impression que les enfants d'une rue entière entraient dans la maison. Il y en avait de tous les âges. Ils nous regardaient respectueusement et nous souriaient. Je leur donnai mon colis. Ils partagèrent les bonbons en parties absolument égales. Puis ils mangèrent en silence. Garçons et filles, tous étaient assez bien habillés et leurs habits dégageaient une odeur de propreté. Ils entourèrent Ovidiu-Georges et lui proposèrent de jouer avec eux.

Mme Hutsu eut besoin d'eau froide de la fontaine. Quatre volontaires prirent un gros seau et se dirigèrent vers la fontaine au fond de la cour.

— Comment vous débrouillez-vous, madame Hutsu?

— C'est pas facile, monsieur Georges! Les vêtements passent des uns aux autres: les plus petits héritent toujours de ce qui est trop juste pour les grands; les plus âgés aident les jeunes aux travaux de la maison; ils contrôlent aussi les devoirs pour l'école. Mon mari et mon fils aîné travaillent chez vous. Deux des filles ont terminé l'école professionnelle et elles ont un emploi à l'usine textile. C'est l'amour qui nous unit. J'aimerais avoir d'autres enfants. Mais le docteur m'a averti qu'une nouvelle grossesse pourrait être dangereuse. J'ai quarante-deux ans et j'aimerais les voir tous arriver à l'âge du mariage. Comment pourrais-je le quitter?

Nous partîmes tard de la maison de la famille Hutsu. Malgré son âge, Ovidiu-Georges avait vécu une expérience extraordinaire.

— Pourquoi ont-ils moins de jouets que moi et mon frère? demanda-t-il étonné. J'aimerais les partager avec eux...

Mon reportage fut retransmis sur tout le territoire du pays. Quelques semaines plus tard, la télévision fit son entrée. Mme Hutsu reçut le titre de mère-héroïne. Les aides financières et matérielles suivirent de partout.

J'étais fier de mon exploit. Il y avait encore des familles en Roumanie qui n'avaient pas besoin d'un décret présidentiel pour assurer *le futur de la nation*.

Autrement dit, j'étais comme avant, c'est-à-dire un homme très occupé. La nouvelle session d'examens approchait et j'étais à la recherche de méthodes plus efficaces pour couvrir l'énorme bibliographie demandée par l'université. J'étudiais chaque jour sans relâche. Je revisais mes notes pendant les pauses au dépôt et pendant mes voyages de journaliste dans la région. Au début, j'eus même un échec à un examen, mais je me redressai à la session suivante. A partir de la troisième année, je devins un des meilleurs étudiants, y compris parmi ceux qui suivaient les cours du jour. J'achetais souvent les autres cours pour être au courant des opinions de tous les professeurs de l'université.

A Bucarest, Nicolae Ceauşescu avait amorcé une certaine libération, autorisant un retour limité aux entreprises privées. Il avait changé le système de rétribution dans les coopératives agricoles de production.

Je visitai mon cousin Mitru, à Siria, et je fus surpris de la quantité de maïs dans son grenier.

— C'est un début positif..., constatai-je.
— C'est vrai. Mais j'ai peur qu'on change de nouveau, répliqua-t-il.
— Crois-tu?

— Pourquoi pas? Cette année, je pourrais engraisser une douzaine de porcs. Ça pourrait me rapporter beaucoup d'argent. Si je gagne trop, le Parti et le gouvernement couperont mon pourcentage.

— Peut-être que tu as raison. Ils sont déjà inquiets des revenus obtenus par les restaurants privatisés. Mais pour l'instant, soyons positifs!

L'invasion soviétique en Tchécoslovaquie fut l'occasion qui mit Nicolae Ceauşescu dans une position, inattendue, de dissident au Pacte de Varsovie. Ce matin-là, quand la radio annonça la mauvaise nouvelle, les habitants de la capitale quittèrent par milliers leurs usines et leurs bureaux pour se diriger vers le siège du Comité central du Parti. Ils voulaient savoir, de la bouche même du premier secrétaire du Parti et du président du conseil d'Etat, comment les armées de l'Union Soviétique, de la Hongrie, de la Pologne et de la Bulgarie pouvaient envahir un pays frère et socialiste.

Je me trouvais par hasard à Bucarest. J'avais pris mon petit déjeuner au restaurant *Berlin* et je me ralliai à la foule qui coulait vers l'ancien palais royal comme une rivière déchaînée.

Même si Nicolae Ceauşescu avait été prévenu de cette manifestation, non programmée, il n'avait pas eu le temps de préparer d'avance son discours comme d'habitude. Je le vis sortir sur le balcon du siège du Comité central, suivi des membres du Bureau politique. Il nous parla librement, comme à Timisoara lors de sa réponse au colonel de la *Securitate*.

Il s'exprimait toujours dans un langage coloré, comme un paysan. Il avait de la misère quand il devait lire des discours préparés par d'autres. Il me semblait que les auteurs de ces discours mettaient intentionnellement des mots radicaux que le président du conseil d'Etat prononçait mal. L'invasion, qu'il avait réfutée la veille, fut qualifié d'intervention impérialiste, d'immixtion dans les affaires d'un pays souverain. Le *Printemps de Prague* dérangeait trop ma *pieuvre soviétique*.

Nicolae Ceauşescu, dans un état d'excitation voisin de la folie, demandait rien de moins que le retrait immédiat des occupants. Il condamna sévèrement les occupants, surtout l'Union Soviétique, l'instigateur et le leader de l'invasion. Il parlait et il gesticulait pour qu'on puisse comprendre toute sa révolte, d'une sincérité sans précédent. Je l'écoutais et je ne pouvais en croire mes oreilles. C'était le monde à l'envers, étant donné la force terrible de la main de Moscou.

Les applaudissements éclatèrent spontanément. Cette fois-ci, personne ne les avait mis en scène comme d'habitude. Il m'apparut sincère dans sa volonté de faire le bonheur de mon peuple dans le cadre d'un régime authentiquement communiste dans lequel je pouvais avoir foi. Il affirma son attachement aux principes de non-ingérence et au droit de chaque pays à l'indépendance politique et économique.

Puis on se mit à crier: «Ceauşescu et le peuple», «Ceauşescu, héroïsme», «Ceauşescu, paix»!

C'était la première fois que des slogans n'étaient pas suggérés par le Parti.

Le jour même, commençaient les travaux extraordinaires de l'Assemblée nationale.

Si j'avais eu dans mon sang l'opportunisme, j'en aurais profité. Mais non! Je laissai passer une occasion inouïe de sortir du dépôt de locomotives. Je voulais finir à tout prix l'université...

C'était la deuxième révolte contre Moscou. Je vivais, avec mon peuple une vive émotion, un temps tout à fait historique. Je croyais sincèrement que Nicolae Ceauşescu continuerait ce qu'avait commencé Gheorghe Gheorghiu-Dej en 1964. Ce fut le peuple roumain qui eut l'attitude la plus humaine vis-à-vis le peuple tchécoslovaque.

De très nombreux touristes tchèques qui se trouvaient en Roumanie au moment de l'invasion furent nourris, hébergés et même aidés avec de l'argent. Ils refusaient de retourner dans leur pays où les chars tuaient les gens. A peine revenu à Arad, je leur consacrai quelques jours. Je parlais le français, le hongrois, et je comprenais assez bien le russe à l'époque. J'étais traducteur, j'arrangeais les hébergements, je leur tenais compagnie en les encourageant sans cesse.

Ils retournèrent chez eux dès que la situation politique se stabilisa, en ramenant avec eux l'image hospitalière et solidaire des Roumains.

Le peuple roumain (moi compris) avait beaucoup apprécié l'attitude ferme de Nicolae Ceauşescu contre l'invasion de la Tchécoslovaquie. Mais celui-ci, depuis ce meeting, avait entrevu autre chose. Tout à coup, il s'imagina que les applaudissements et les souhaits du peuple roumain étaient l'expression de la reconnaissance publique de son génie. Les pays occidentaux ajoutèrent un peu à ce *grain de folie* de Nicolae Ceauşescu en l'inscrivant d'office sur la liste des dissidents du socialisme, à côté du maréchal Tito.

Il considéra l'année 68 comme un feu vert pour récupérer le monopole du pouvoir en établissant une dictature des plus raffinées de l'histoire. Son orgueil de fils d'Oltenie avait éclaté comme un puits de gaz naturel qui brûlait tout autour de lui.

A partir de ce moment, il réussit à créer, en Roumanie, la plus grande apologie du culte de la personnalité. Pourtant, il ne fut pas le seul coupable de cela. J'aimerais pointer certains intellectuels et des membres importants de la *nomenclature*. C'était l'entourage de la nouvelle cour royale qui spéculait sur la vanité sans bornes de Nicolae Ceauşescu. L'ancien journaliste et écrivain Dumitru Popescu, le poète Adrian Paunescu et d'autres comme eux, une bande de journalistes de *L'Etincelle* et de la *Roumanie libre* se rendirent compte qu'ils pouvaient tirer de nombreux profits (Dumitru Popescu devint secrétaire du Bureau politique du Comité central) en vantant au maximum les prétendues qualités de Nicolae Ceauşescu. *Cordonnier, pas plus haut que la chaussure*, était déjà dépassé.

Enfin, le *moteur le plus fort et le plus dynamique* se trouvait à l'intérieur de sa famille. Il portait le nom d'Elena Ceauşescu!

Mon cousin par alliance, Nicolaitsa, était chauffeur au ministère des Affaires étrangères et son fils était collègue d'école avec Valentin, le *cadet* de la famille Ceauşescu. Il conduisait souvent les parents de Ceauşescu de Scornicesti à Bucarest ou l'inverse.

— C'est la camarade Elena qui porte le chapeau dans cette famille, m'avoua-t-il confidentiellement. C'est elle qui le pousse et le dirige dans l'ombre.

— C'est pas possible! répliquai-je. Elle me semble très effacée.

— Crois-moi, Georges! Sa modestie est un masque; elle est rusée comme un renard et d'une ambition qui dépasse largement l'ordinaire. Elle veut devenir académicienne et ministre.

— S'agit-il d'une nouvelle Vidra?[1]

— Peut-être même plus que ça. C'est drôle à voir la façon qu'elle engueule son illustre mari. Ça reste entre nous?

— Je te donne ma parole d'honneur, Nicolaitsa.

---

[1] Personnage féminin dominant d'un drame historique écrit par B.P. Hasdeu, écrivain roumain du dix-neuvième siècle.

— 19 —

Dans le film de ma vie, je m'étais arrêté à l'année 1970, ou plutôt, j'avais fait un retour en arrière, activant la machine à remonter le temps. Ce fut parmi les années les plus fertiles de ma vie, même si les inondations du printemps m'avaient causé quelques ennuis.

C'était ma dernière année à l'université. Je me proposais de finir tous mes examens en une seule session. Depuis une dizaine de mois, j'étudiais sans relâche. Je devais couvrir chaque point du programme prévu par le Ministère de l'éducation. Je ne pensais jamais à la loterie des billets aux examens. Comme dans la vie quotidienne, la malchance était presque toujours avec moi. Je me fiais sur ma bonne mémoire et sur mon travail acharné.

Pour réussir, j'acceptais tout sacrifice, matériel ou physique. Je pris un mois de congé sans solde. Le lendemain, je partis pour Timisoara avec deux valises pleines de livres, de notes de cours et de nourriture. Ma tante Titsa, la sœur de mon père, m'avait offert gratuitement une chambre dans sa maison pour que je puisse approfondir la matière prévue pour la session du printemps.

Mes examens débutèrent avec la linguistique. C'était un examen oral et je devais attendre mon tour. En entrant dans l'amphithéâtre, j'étais nerveux, inquiet. Je m'approchai de la table des professeurs-examinateurs et je fus invité à choisir un billet. Je regardai son contenu et mon visage s'illumina: j'aimais les sujets que le hasard m'avait destinés.

Le premier se référait au français parlé au Canada, tandis que le deuxième sujet concernait le roumain parlé dans la Diaspora.

J'avais quinze minutes pour préparer et systématiser mes réponses. Cette fois-ci, il me semblait que même la chance se rangeait de mon côté. Je venais de lire *Maria Chapdelaine* de Louis Hémon. Le roman m'avait donné la clef de la langue parlée au Québec, une province du Canada dont la population était majoritairement francophone. Les héritiers des anciens colons français luttaient encore pour la survie de leur langue, contre *l'ouragan anglais* qui voulait anéantir le français. Je fis un parallèle entre le Québec et ma Transylvanie natale.

201

Mes réponses furent appréciées des professeurs-examinateurs qui m'accordèrent la note maximum, c'est à dire dix sur dix.

L'examen sur la littérature roumaine était le dernier. J'étais un peu fatigué et j'entrai à l'examen écrit un peu timoré. De plus, je n'aimais pas trop le héros communiste idéalisé et faux. Pourtant, je me débrouillai bien à la partie écrite. Ce fut elle qui assura ma réussite.

Par contre, je fus chancelant à l'épreuve orale. Cet examen fit baisser ma moyenne, qui restait quand même supérieure à quatre-vingt pour cent. J'avais gagné un pari presque impossible: finir une année universitaire en une seule session tout en travaillant et en écrivant pour plusieurs journaux, et en étant en même temps un bon père de famille.

Deux mois plus tard, je me présentai à l'examen de licence. J'avais préparé, pendant l'année, une monographie intitulée: «Avram Iancu dans le folklore de la Transylvanie». La figure du grand révolutionnaire de 1848 m'était très chère, bien qu'elle soit peu connue à l'étranger.

Il avait causé de grands problèmes à l'empire autrichien et à la Hongrie envahissante. Dans la lutte que Kossuth avait menée contre l'armée impériale de Habsburg, Avram Iancu était resté neutre. Il aurait pu se venger à cette occasion: l'armée révolutionnaire de Kossuth avait tué des milliers de Roumains innocents en Transylvanie! Mais, plus intelligent, il avait compris que les Hongrois resteraient toujours bornés à cause de leur nationalisme d'expansion. Il est donc resté un héros national pour le peuple roumain de la Transylvanie. Il entra dans la légende et dans les chansons. Elles racontent comment il vint en aide à ceux qui étaient dans la misère; elles font de lui l'esprit du bien contre les forces du mal. Ce fut Avram Iancu qui montra au peuple roumain de la Transylvanie occupée qu'il était capable de devenir libre.

Pour mener à bien mon travail, je dus explorer plusieurs bibliothèques de la région. J'y fis des recherches sur l'illustre héros roumain. J'eus aussi des conversations avec de vieux poètes populaires et avec les auteurs folkloriques de la région où Avram Iancu avait vécu et lutté...

De bouche à oreille, je réussis à recueillir plusieurs nouvelles, ce qui compta beaucoup pour ma monographie.

Je titrai une des nouvelles *L'assiette d'Avram Iancu*. Pendant la révolution de 1848, Avram Iancu avait pris l'habitude de se travestir afin de pénétrer plus facilement derrière le front ennemi. Un beau jour d'automne, il entra dans une taverne remplie de Hongrois. Il commanda une assiette de haricots verts et il mangea calmement tandis que les officiers parlaient de leur plan d'attaque sur les montagnes où se trouvait l'armée populaire de celui qui les espionnait. Etant avocat de profession, Avram Iancu parlait et écrivait le roumain, le hongrois, l'allemand et le latin. Il comprenait tout ce qui se disait. Avant son départ, il retourna discrètement son assiette, prit un crayon et écrivit:

C'est toi, fils courageux de montagnards,
Qui a vaincu cet ennemi ignoble!
Prie Dieu de détruire
La dynastie des Habsburg et son empire,
Le pays de Hongrie qui nous laisse
De si mauvais souvenirs

Il signa *Avram Iancu, roi des montagnes*.

On ne découvrit l'assiette qu'après son départ. Les officiers et les soldats hongrois s'étouffèrent de rage. Sa tête fut mise à prix. On envoya tout de suite un peloton sur ses traces. Mais il était trop tard. Personne ne connaissait les forêts et les montagnes autant que *le roi des montagnes*. Ainsi, Avram Iancu gagna la bataille le lendemain contre l'armée de Kossuth.

Dans ma monographie, Avram Iancu prit les proportions d'un héros mythique. A juste titre, je le comparais au courageux Hector, au fameux Rolland ou bien à Fat Frumos, une figure de légende dans les récits roumains.

Le professeur-docteur Eugène Todoran, président de la Commission de licence, m'embrassa pour la joie que je lui avais procurée en choisissant ce thème.

Le soir, quand les nouveaux professeurs se réunirent au plus grand restaurant de Timisoara, le professeur-docteur Eugène Todoran s'assit à côté de moi et me dit après le premier verre de champagne:

— J'admire votre courage d'avoir présenté, comme sujet de licence, un héros aussi peu accepté par le Parti. Ils ont commis une faute monumentale en le cataloguant nationaliste féroce. Non, Avram Iancu n'était pas nationaliste. Au contraire, il était le précurseur de l'amitié entre les peuples d'Europe. Il est vrai qu'il n'avait pu supporter l'insolence de la nation hongroise qui s'était établie par la force sur les terres de nos ancêtres. Elle ignorait totalement les Roumains et la langue roumaine; elle voulait garder les Roumains comme esclaves des barons. Même aujourd'hui, le peuple roumain aurait besoin d'un nouvel Avram Iancu! Seul un tel héros pourrait faire un miracle, réveiller le peuple de la peur et de la paresse dans lesquelles il vit.

Je vous prédis que ce beau et riche pays fera fête. Le résultat ne peut être autre que sa chute totale puisque la bêtise et l'incompétence dominent dans les plus hautes sphères. Je ne vous dis pas que la Roumanie n'avait pas besoin d'une certaine industrialisation. Les Roumains ne sont pas inférieurs aux autres nations de l'Europe de l'Ouest. Ils l'ont prouvé avant la prise du pouvoir par les communistes. Mais il fallait que l'industrialisation se fasse raisonnablement, selon nos possibilités en devises et en fonction de nos matières premières.

— Nicolae Ceauşescu ne tient pas compte de certaines lois économiques et de la poche du peuple roumain, répliquai-je. Il me semble qu'il est démesuré, qu'il cherche à imiter une époque lointaine de la civilisation humaine.

— Dites, pharaonique!

— C'est exact!

— Nous aurons bientôt une crise du pétrole, continua Eugène Todoran. L'homme contemporain consomme comme un fou cette matière fossile. S'ensuivra une crise des matières premières qui sera encore plus grave et plus dévastatrice. Il serait préférable, pour le régime communiste roumain, d'industrialiser davantage l'agriculture et de trouver une formule adéquate aux réalités et aux traditions de chez nous. Nous sommes depuis toujours un peuple de paysans. Une terre aussi fertile que celle de Roumanie n'existe qu'en Amérique du Nord...

— Je vous dis que, dans une société où le phénomène de la loi des contraires n'est pas acceptée, ce sont la stagnation, le désastre et la faillite qui régneront, répondis-je.

— Vous avez beaucoup de talent, monsieur Goldis! Ce qui me plaît chez vous, c'est votre esprit de révolte. Vous aimez très fortement votre peuple et je suis sûr que, dans une situation délicate, vous ferez quelque chose pour lui.

— Que Dieu vous entende, monsieur le professeur-docteur! Je n'ai jamais rêvé d'autre chose. Je regarde en arrière, fier de moi. Vous avez raison. Le peuple roumain a vraiment besoin d'un nouvel Avram Iancu pour le réveiller de son sommeil, pour le conduire vers la liberté et la démocratie. J'ai choisi intentionnellement ce sujet.

— Je suis heureux lorsqu'un étudiant ose. Quand j'étais jeune, l'étudiant osait toujours.

— Le peuple roumain aurait besoin de l'énergie d'une *supernova* avec laquelle il pourrait brûler le système policier de la Roumanie.

— A la *supernova* de demain, monsieur le professeur Goldis! porta un toast le professeur-docteur.

— A la vraie liberté de cette nation immortelle, monsieur le professeur-docteur! portai-je à mon tour un toast.

J'arrivai chez moi à l'aube. Je racontai en quelques mots, à ma femme, le déroulement de l'examen de licence (l'équivalent d'un examen de maîtrise). Puis je pris ma bicyclette et je partis, en toute vitesse, vers le dépôt de locomotives.

Bien que je n'aie pas dormi de la nuit, je pris mes vêtements de travail et je me dirigeai vers la section des appareils de vitesse où je devais faire quelques réparations de routine.

Je racontai mes succès à l'examen de licence en réparant un appareil de vitesse d'une locomotive diesel électrique. A midi, *Charlot* raconta mon exploit à la forge et la nouvelle passa d'un homme à l'autre. Tous les ouvriers vinrent tour à tour me féliciter.

Au cours de l'après-midi, le secrétaire du parti de l'atelier me rendit visite. Il me félicita chaleureusement et m'annonça que le Bureau de son organisation avait fixé la date de ma réhabilitation pour la prochaine assemblée générale...

Autrefois, cette nouvelle m'aurait procuré une grande satisfaction. Ce jour-là, cela me laissa presque indifférent. Je me rendais compte, en effet, qu'un phénomène de putréfaction morale se propageait parmi les membres du Parti à partir du Comité central vers les organisations régionales, conformément au principe du centralisme démocratique. Je m'apercevais que le Parti s'était transformé en caste indienne, en cercle fermé où seules comptaient les affaires louches de la *nomenclature*.

Pourtant je ne pouvais refuser ma réhabilitation totale. Tout le monde savait que j'avais frappé, pour cela, à toutes les portes. Si je n'étais pas réhabilité, je ne pourrais jamais travailler dans une rédaction à temps plein. Le Parti était le seul *propriétaire* de la presse et il n'admettait pas qu'un *exclu* soit son salarié. Enfin, en restant un éternel exclu, c'étaient mes enfants qui en souffriraient. J'étais considéré comme une tache sur leurs dossiers futurs. Or, je me considérais toujours responsable de mes actes. Il me fallait un peu de duplicité.

L'Assemblée générale de l'Organisation du Parti avait un caractère plutôt formel. Je jouissais d'un grand prestige parmi les cheminots. Quelques mois plus tôt, je leur avais fait gagner plus de deux cent mille lei dans un conflit avec l'administration du dépôt. J'avais également obtenu quatre jours de congé supplémentaires pour les chaudronniers.

J'eus, à plusieurs reprises, le courage d'écrire à tous les niveaux contre les abus d'une administration corrompue et parasitaire. Mon expérience m'avait appris comment on peut obtenir quelque chose de la part du Parti, même en le critiquant. Un seul membre de l'Organisation du Parti avait posé quelques questions et affiché de la méfiance envers moi: il s'agissait de l'ancien directeur Halga Lazar, le chaudronnier qui dormait pendant que je travaillais.

Finalement, ma réhabilitation totale fut votée à l'unanimité. Personne ne supposait que j'utiliserais ma nouvelle qualité pour critiquer, de l'intérieur, la société socialiste. Je le ferais avec tant d'ingéniosité que personne ne pourrait m'accuser de mauvaises intentions.

A peine ma réhabilitation avait-elle été confirmée par le Comité municipal que je pris la parole et plaidai la cause des conditions de travail au dépôt de locomotives.

— Si d'un point de vue technique nous avons commencé à changer les vieilles locomotives à vapeur, dis-je, en ce qui concerne les conditions de travail, nous en sommes encore au début du siècle. Les canaux sont sales et pleins d'eau. Il y a longtemps qu'ils n'ont pas été réparés. Ne soyez pas étonnés si les rhumatismes sont devenus une maladie collective. Les halls de réparations sont mal chauffés et, de plus, les fenêtres sont souvent cassées. Le chef d'entretien est responsable de ce vrai désastre car c'est lui qui a établi le programme d'économie du combustible. Affirmons donc que «l'homme est le plus précieux capital»!

«Après le travail, nous avons toujours des problèmes avec nos cabines de bains. Il arrive souvent que l'eau chaude soit coupée et que les ouvriers de notre atelier soient obligés de s'approvisionner aux locomotives s'ils veulent rentrer propres chez eux. Mêmes nos ancêtres romains, il y a deux mille ans, avaient des bains plus modernes.

Et tout le monde m'applaudit.

Je fus promu technicien réparateur d'appareils de vitesse. Etant en poste pendant les nuits froides d'hiver, je passais partout pour vérifier si les ouvriers travaillaient dans des lieux bien chauffés. Cette tâche incombait aux chefs bien payés, mais...

Quand le mécanicien de la centrale oubliait de faire son travail, j'entrais en lice! Le numéro suivant de la gazette murale du dépôt le critiquait sans pitié. Je ne badinais pas quand il s'agissait de mes collègues de travail et de leurs conditions de vie.

Parfois, il me semblait que j'étais devenu un pouvoir parallèle dont certains avaient déjà peur.

Sur ces entrefaites, j'avais obtenu une audience auprès du rédacteur en chef, Craciun Bontulescu, qui m'accueillit avec amabilité.

— Quelles nouvelles apportez-vous aujourd'hui de vos cheminots?

— Des bonnes et des mauvaises, comme d'habitude. Mais cette fois, je viens au sujet d'un problème personnel.

— Dites, me répondit le rédacteur en chef, sans supposer de quoi il s'agissait.

— Vous savez déjà que j'ai eu ma licence en philologie-histoire et, depuis quelques mois, j'ai eu ma réhabilitation totale. Je pense que mon tour est arrivé... J'aimerais être embauché à temps plein par la rédaction. J'ai déjà fait mes preuves depuis longtemps.

— Les collègues de la rédaction ont souvent pensé à cette éventualité. Mais il y a quelque chose qui nous empêche de réaliser vos intentions. Pas plus tard qu'hier, nous en avons embauché un autre et il n'y a plus d'ouverture. Mais je vous promets que la première place libre sera pour vous, notre meilleur collaborateur.

— A condition qu'un autre intrus n'apparaisse pas, répliquai-je.

Je suis sorti du bureau du rédacteur en chef en lançant des injures contre le népotisme qui prenait une ampleur de maladie contagieuse...

Le printemps vint brusquement. Les neiges se mirent à fondre à toute vitesse. Puis suivirent des pluies abondantes, comme en été, pendant plusieurs jours et nuits. J'avais l'impression que le déluge de *Papa Be* se reproduisait. Les eaux des rivières et du Danube montèrent rapidement, dépassant partout le niveau habituel des inondations.

La ville de Satu-Mare fut la première où l'on circula en barque. La rivière Somes avait rompu tous les barrages et avait transformé la région en «Venise roumaine». Même Nicolae Ceausescu était venu sur place en hélicoptère. Je le vis à la télé: il était fier que les gens, inondés et si malheureux, l'aient applaudi. Il voulait de la sorte lier son nom aux grandes actions de sauvetage entreprises par les dirigeants locaux, la classe ouvrière et l'armée. Il prit le commandement des opérations...

Les autres rivières avaient aussi largement débordées. J'étais vraiment inquiet. Ma maison se situait sur le bord de l'eau. La rivière Mures était devenue un fleuve enragé qui pouvait balayer d'un seul coup toute la ville. Contre toute éventualité, j'installai ma famille dans le grenier de la maison. Je leur apportai des réserves en nourriture et en eau minérale. Puis je partis vers les digues. C'était moi qui assurais la couverture journalistique de la bataille contre le déluge. Ouvriers et intellectuels, élèves et soldats, pompiers, dirigeants du Parti et adhérents, tous étaient là, jour et nuit.

Les anciennes digues furent surélevées et consolidées. Les fissures qui apparaissaient ici et là étaient tout de suite obstruées avec du ciment rapide et du sable. La ville fut sauvée. J'étais heureux et j'écrivis un reportage sur la solidarité humaine qui fut publié *à la une*.

Les inondations furent connues du monde entier. Les aides de toutes sortes arrivaient de partout. De très nombreux Roumains établis à l'étranger aidèrent aussi le peuple roumain cruellement touché. On recevait tous les jours des aliments, des médicaments, des vêtements et surtout de l'argent en devise.

Paradoxalement, les inondations, pour un certain temps, sauvèrent de la faillite l'économie de la Roumanie socialiste, comme autrefois les guerres à l'époque de Napoléon.

Je constatai que Nicolae Ceauşescu était un bon marchand. Car il abandonna sa prime de député aux fonds de solidarité pour les inondations. A l'exemple du secrétaire général, tout le monde versa, jusqu'à la fin de l'année, un pourcentage de son salaire. Rien n'était perdu. Au contraire...

Les inondations favorisèrent plus que jamais la migration des poissons d'une rivière à l'autre. Ce fut l'année de pêche la plus glorieuse de ma vie. J'avais appris à pêcher avec mes mains à l'âge de cinq ans. Ce furent des jours fastes, ces jours où je pêchais à moi seul autant que quinze ou vingt pêcheurs à la ligne. Je devins le champion de la rivière Teuz. Je poursuivais les malheureux poissons jusque dans leurs cachettes, sous les pierres, sous les troncs d'arbres, sous le bord de la rivière. J'agissais sans bruit, comme si j'étais un poisson plus grand. Je travaillais avec mes mains comme avec une machine, bloquant les sorties possibles aux poissons. Lorsque je les sentais au bout de mes doigts, la destinée des pauvres poissons était déjà écrite. Je les attrapais l'un après l'autre, pour remplir mon sac pendu à mon cou. Souvent, je sauvais l'honneur des pêcheurs à la ligne; je leur donnais une partie de ma pêche abondante. Tous mes parents, dans mon village natal, bénéficièrent aussi de mon adresse incroyable de pêcheur à la main.

J'appris que Nicolae Ceauşescu visiterait bientôt notre région. Pendant deux semaines, je fus témoin et participant à des préparations hors du commun. Le premier secrétaire du Parti fit preuve d'un talent de metteur en scène adroit. On débloqua tous les fonds disponibles pour embellir les villes et les villages, les usines et les fabriques, ainsi que les coopératives agricoles de production. Même au dépôt, une douzaine de cheminots furent épargnés de leur travail quotidien pour s'occuper exclusivement de nettoyer et de peindre les bâtisses principales.

Tous les artistes, professionnels et amateurs, répétaient, du matin au soir, les programmes qu'on allait présenter devant le secrétaire général du Parti. Quant à ma femme, elle préparait *les faucons de la patrie* de sa garderie pour la rencontre avec Nicolae Ceauşescu.

Le jour tant attendu arriva. Il pleuvait à seaux. Mais cela ne comptait pas. Il fallait que la population de la région soit égrenée le long du chemin de l'aéroport jusqu'au centre de la ville d'Arad. La production était perdue pour la journée. Ouvriers et enfants pourraient être malades le lendemain à cause de la pluie qui ne cessait depuis le matin: rien ne comptait pour les dirigeants locaux du Parti. Seule la soif de vanité de Nicolae Ceauşescu comptait, comme d'habitude. Le premier secrétaire s'assurait encore quelques années de règne en flattant si bien le secrétaire général du Parti.

J'avais mission d'un des reportages communs de la *Une* (écrit par plusieurs journalistes). La grande visite du travail débuta à l'usine de wagons, une des plus vieilles et des plus connues d'Europe.

Je regardais les ouvriers, les techniciens et les ingénieurs. Tous étaient vêtus de leurs vêtements de fête et ils tenaient des œillets rouges dans leurs mains. L'usine était si propre, si bien rangée que le secrétaire général fut vraiment impressionné. Tout le monde l'applaudissait. Quelques-uns scandaient des mots d'ordre. Nicolae Ceauşescu serrait la main de chacun avec beaucoup d'amitié et de chaleur. Il était ému comme un enfant dans cet environnement psychologique créé artificiellement autour de lui.

Derrière lui venait le premier ministre Ion Gheorghe Maurer, un ancien aristocrate qui avait défendu les communistes après la grève de 1933. En l'applaudissant fortement (c'est lui qui maintenait l'équilibre de l'économie roumaine), il nous montrait Nicolae Ceauşescu. Cet homme, d'une intelligence remarquable, était tout le contraire du secrétaire général du Parti.

Nous nous arrêtâmes dans un grand hall de montage. Une petite tribune y avait été installée. Nicolae Ceauşescu fut invité à y monter. Il se déclara content de sa visite, des bons résultats que l'usine avait obtenus dans le premier semestre de l'année en exportant soixante-dix pour cent de sa production. Puis il conseilla au personnel de l'usine et, surtout aux communistes, de mieux utiliser les espaces de production, d'économiser l'énergie, de concevoir de nouveaux types de wagons pour être compétitifs sur le marché international. Parfois, il s'exprimait difficilement; alors il se mettait à gesticuler comme un sourd-muet pour être mieux compris.

Il descendit de la tribune convaincu qu'il avait contribué à l'essor de l'usine avec des indications précieuses. Un groupe de jeunes filles l'embrassèrent en lui donnant de gros bouquets de roses. Dans son costume, de coupe ouvrière, Nicolae Ceauşescu, tout souriant, me faisait penser à un ouvrier heureux qui prenait sa retraite.

A ce moment-là, je me demandais pourquoi les gens du pays ou d'ailleurs le comparaient à Néron, à Caligula, à Hitler ou à Staline. Certains le comparaient même au diable.

Le convoi présidentiel sortit de l'usine de wagons. Je montai dans une voiture *Dacia* qui le suivait de près. Celui-ci prit la direction de Pecica, un des plus riches villages de la région. Je savais d'avance que toutes les belles vaches de la région y avaient été transportées pour tromper Nicolae Ceauşescu et, en même temps, pour lui faire un grand plaisir. Il fut accueilli avec du pain et du sel, selon la tradition d'hospitalité.

On lui communiqua des chiffres inexacts concernant la production du lait et de la viande. Par contre, ceux des productions de blé, d'orge et de betteraves à sucre étaient plus près de la réalité.

Nicolae Ceauşescu était vraiment enchanté! Il souriait comme un enfant à qui l'on offre un beau cadeau à l'occasion de Noël. Je me tenais à quelques pas de lui et je pouvais même observer les rides de son visage. Il vivait pleinement cette visite de travail à la campagne. Je pensais qu'au fond de son cœur, il se considérait encore un paysan. Il parlait presque comme un président de coopérative agricole, il n'avait plus les complexes que j'avais observés lors de sa visite à l'usine de wagons.

— Continuez comme ça, camarades paysans! Vous m'avez convaincu que l'élevage des animaux va très bien dans votre région. C'est comme chez moi, à Scornicesti... Voilà une chose qui nous montre bien que notre agriculture socialiste est rentable là où on travaille sérieusement. Je vous en félicite, avait-il dit en serrant la main aux travailleurs agricoles.

Deux formations de danse firent irruption de chaque côté de Nicolae Ceauşescu. Un orchestre populaire les suivait. Le secrétaire général du Parti fut invité à se joindre aux danseurs et aux danseuses. Il accepta volontiers l'invitation. Il dansa pendant quelques minutes avec une jeune fille vêtue d'un splendide costume populaire. Je dois reconnaître que Nicolae Ceauşescu de l'année soixante-dix était encore un personnage énigmatique, parfois un romantique retardé.

Conformément au plan de visite, nous nous dirigeâmes vers le gros vignoble de la région. Le soleil revint et le convoi s'approcha des belles montagnes de Baratca. Une foule de vignerons accueillirent le président et ses compagnons. Comme à Pecica, deux vieux vignerons lui offrirent du pain, du sel et du lard paysan. Il goûta volontiers le pain et le célèbre lard paysan fumé. Puis le *premier homme du pays*, le premier ministre Ion Gheorghe Maurer et les autres furent invités dans une large cave, plusieurs fois séculaire.

Nicolae Ceauşescu fut abreuvé avec les meilleurs vins comme *Feteasca regala, Riesling, Sauvignon, Cabernet*. Il fut enchanté de la bonne qualité des vins. Il reçut plusieurs bouteilles en souvenir de sa visite dans ce vignoble, aussi vieux que le peuple roumain.

Quant à moi et aux autres journalistes, on eut droit à quelques verres de *Feteasca Regala*. C'était un vin vieux d'au moins trente ans. Cette boisson divine me réchauffa bien. Je devins volubile, je faisais des blagues. Mais, quand même, je fis attention. J'étais plongé dans une mer d'officiers de la *Securitate*...

Après ces jours de travail, le secrétaire général du Parti et le président de la République était bien fatigués.

A quarante kilomètres se trouvait l'ancienne forêt de chasse du roi Michel Ier. Maintenant, c'était Nicolae Ceauşescu, lui seul, qui avait la permission d'y chasser. Un long convoi de voitures se forma sur place. Nicolae Ceauşescu avait revêtu un beau costume de chasse. Il avait à sa disposition plusieurs fusils. Nous étions admis à titre de personnes privilégiées. Seule la télé devait montrer, le lendemain, quelques scènes qui mettraient en évidence la virtuosité de chasseur de Nicolae Ceauşescu.

Ce fut comme une chasse régale de l'époque du règne de la dynastie Hohenzolern. Une centaine de chasseurs et de chiens rabattaient le gibier. Quelques-uns étaient cachés près de Nicolae Ceauşescu pour tuer le gibier qui lui échappait.

Je constatais que Nicolae Ceauşescu était un véritable chasseur. C'était, peut-être, le domaine où il s'améliorait le plus. Ce jour-là, il abattit cinq sangliers, une biche, un cerf, plusieurs lièvres, des faisans et des pigeons sauvages. Le soir, tout le monde mangea et festoya à la lueur d'un feu géant devant la maison du garde-forestier. Tous étaient des personnages choisis, y compris les chasseurs. Pourtant, Nicolae Ceauşescu mangeait un pilon de lièvre comme un homme bien ordinaire. Il blaguait tout en buvant du vin rouge d'une grosse tasse en terre cuite. Son entourage l'écoutait et le regardait religieusement.

Quant à moi, je me demandais ce que je faisais là et comment j'étais tombé si bas. Est-ce que j'étais en train de pactiser avec le pouvoir comme d'autres milliers d'intellectuels, de Mihail Sadoveanu à Adrian Paunescu? Pas du tout. C'était purement et simplement une documentation pas comme les autres. Au fond, je n'imaginais pas à quel point la personnalité de Nicolae Ceauşescu était complexe. Lors de la visite, malgré tout ce qui m'était arrivé, je ne pus dire autre chose que la vérité même.

Le monastère de *Putna* a de profondes résonances dans mon âme. Il a été édifié par Etienne le Grand, un des plus grands princes de l'histoire de mon pays. Il avait décidé de le construire après une brillante victoire contre l'empire ottoman. Le monastère a été, pendant des siècles et des siècles, un lieu cher au peuple roumain. De temps en temps, les grandes personnalités y venaient pour consulter l'ombre sainte d'Etienne le Grand.

Selon la légende, le brave prince roumain y arriva lors d'une bataille contre l'empire ottoman. Là, habitait un moine très vieux qu'on appelait Daniel l'Ermite. Son ermitage était situé non loin de l'endroit choisi par la suite par Etienne le Grand. Celui-ci, après la grande victoire obtenue à Podu Inalt en 1475, fut de nouveau obligé de lutter contre les envahisseurs. Cette fois, le glorieux Mehmet II lui-même conduisait l'armée...

Les conseils reçus du moine Daniel avaient réconforté le moral d'Etienne le Grand. Il avait regroupé son armée dans la montagne et, ensuite, il était reparti se battre contre les envahisseurs turcs. Finalement, la défaite des Turcs fut aussi grande que la première fois. Etienne le Grand les avait repoussé jusqu'au Danube. Des milliers d'entre eux furent engloutis par les flots du fleuve.

On fêtait le cinquième siècle depuis la brillante victoire obtenue à Podul Inalt par Etienne le Grand. La Presse et les revues historiques commentèrent cette période historique si glorieuse pour mon peuple. Je me proposai de visiter bientôt ces lieux sacrés.

Par contre, le *conducator* Nicolae Ceauşescu s'était mis en tête de constituer des réserves de devises fortes et de payer la dette extérieure du pays, due à l'industrialisation forcée. Cela se traduisit peu à peu par des restrictions dans les domaines alimentaire et énergétique et la population assuma les frais. Autrement dit, je dus serrer ma ceinture.

Le mécontentement allait grandissant de jour en jour. Comme disait mon collègue de travail, Petre Ferariu, *la conscience de l'ouvrier passe par son estomac.* Le *conducator* s'était endurci et il avait noyauté l'ensemble du Parti et de l'Etat, mettant en place les membres de sa propre famille.

Je commençais à perdre tout espoir de travailler à temps plein dans n'importe quelle rédaction.

J'allai à la Commission scolaire solliciter un emploi de professeur de français dans la région. Il y avait une ouverture non loin de la ville d'Arad.

— Il y a beaucoup de jeunes professeurs qui n'ont pu s'assurer un emploi après leurs études universitaires. Officiellement, le chômage frise chez nous le chiffre zéro. Ce n'est pas vrai en ce qui concerne les intellectuels, m'accueillit l'inspecteur en chef.

— Combien de demandes avez-vous reçues pour cet emploi?

— Vingt.

— C'est déjà beaucoup.

— Vous avez quand même un poste de technicien au dépôt de locomotives. Je suppose que vous touchez également un peu d'argent de la part des journaux?

— Ce n'est pas le Pérou, mais c'est mieux que rien.

— Est-ce que vous pouvez renoncer à ce poste, tout en donnant la chance aux autres?

— Soit, répondis-je après quelques moments de réflexion.

— Je ne sais comment vous remercier. Vous avez une âme en or. Ça se voit en vous lisant.

Cette fois, j'étais pas mal découragé ou, plutôt, fatigué mentalement. Je retournai à la maison, je discutai longuement avec ma femme. On avait économisé de l'argent avec l'élevage des vers à soie, j'avais des permis de voyages gratuits pour n'importe où en Roumanie, pour toute la famille.

— J'aimerais prendre des vacances...

— Tout à fait d'accord. Tu es bien fatigué.

— On va à Putna.

— C'est un endroit idéal.

Le lendemain, j'embarquai avec ma famille dans le train de Suceava. Nous trouvâmes une famille de paysans, non loin du monastère, qui nous louèrent une partie de leur maison. Nous visitâmes le monastère, le musée à côté, l'église où dormait, de son sommeil éternel, Etienne le Grand. J'y retournai à chaque jour; j'étudiais plusieurs documents d'une valeur historique indubitable. J'écoutais les discours du supérieur du monastère évoquant l'âge d'or de l'époque d'Etienne le Grand, le patron du monastère.

J'étais émotionné au plus profond de mon cœur. J'étais, peu à peu, en train de me couper de la réalité; je retournais à l'époque de la Renaissance. J'étais de plus en plus empli de l'image de ce grand prince dont j'admirais le portrait...

L'ombre du soir était descendue, inattendue, sur les forêts épaisses de sapins, tandis que les cloches appelaient les moines à la prière. Je me sentais comme hypnotisé, sorti de la vie réelle. Soudainement, il me sembla que le saint tombeau s'ouvrait comme celui du Christ et qu'Etienne le Grand lui-même en sortait. Il ressemblait aux peintures que j'avais vues au musée. Il se dirigeait vers moi, droit et fier, comme s'il n'était pas mort:

— J'ai eu un très long sommeil, mon arrière-petit-fils.

— Un demi millénaire presque, Saint-Prince, répondis-je la voix pleine de dévotion.

— Qui veut du mal au peuple roumain de la Moldova: les Turcs et les Asiatiques de la Mongolie? essaya-t-il de s'informer.

— Il y a presque cent ans, vos braves arrières-petits-fils sont entrés dans la légende et la littérature en battant les Turcs à Smirdan, à Grivitsa et à Plevna en Bulgarie. En ce qui concerne les Mongols, ils sont devenus de paisibles éleveurs d'animaux dans un nouvel empire dont la Bible avait parlé depuis longtemps.

Après quelques instants, pendant lesquels il se toucha le front de ses doigts transparents, le prince eut une révélation:

— S'agit-il du successeur de l'ancien empire du tsar, mon beau-frère?

— C'est exact.

— Depuis toujours, j'ai cru qu'un tel empire ne pouvait mourrir, mais, en ce qui me concerne, je l'ai tenu à distance, quoique ma dernière femme fut une Romanova. Aucun des tsars de mon époque n'a eu le courage d'attaquer mon pays. J'étais toujours prêt...

— Les choses ont beaucoup changé depuis. L'Empire rouge s'est étendu comme la peste sur l'Europe de l'Est et Centrale. Votre Moldova a été partagée en deux: une partie a été incorporée à l'Union Soviétique, c'est le nouveau nom de l'empire, par la force; il en est ainsi de la Bucovine du Nord. Elle fait partie maintenant d'une république soviétique, l'Ukraine...

«Les vignobles et les riches terres entre Prut et Nistru ont été accaparés par nos voisins. Les forêts épaisses de la Bucovine du Nord sont aussi la possession des tsars rouges! C'est à quelques kilomètres à peine d'ici que commence l'Empire rouge!

— Ce sont de tristes nouvelles que tu me donnes. Il aurait mieux fallu que je continue mon sommeil. Comment ont-ils osé franchir mes saintes frontières? Mes soldats ont-ils versé en vain leur sang pendant quarante-six guerres pour défendre le pays? Dis-moi qui conduit aujourd'hui ce malheureux pays?

— C'est Nicolae Ceauşescu et sa famille.

— Je n'ai jamais entendu ce nom pendant ma longue vie. S'agit-il d'une nouvelle dynastie?

— Oui et non! Il s'agit d'un ancien cordonnier de Scorniceşti. C'est lui qui est devenu président de la Roumanie, commandant suprême de l'armée et secrétaire-général du Parti communiste. La Roumanie a, en fait, été transformée en une immense entreprise familiale qui pourrait s'appeler *Ceauşescu et les siens*; il est plus qu'un roi, peut-être.

— Que fait le brave peuple roumain? Pourquoi a-t-il accepté un roi d'origine aussi modeste? se révolta le Saint-Prince.

— Personne n'a consulté le peuple. Au début, il a hérité d'un autre chef rouge installé par les sabres de l'Empire rouge. Ensuite, c'est lui-même qui s'est installé dans les fonctions qu'il détient aujourd'hui. Il y a une nouvelle classe, la bourgeoisie prolétaire qui le soutient; nous vivons dans un régime de dictature communiste, inconnu pendant votre vie. C'est une copie fidèle au régime de l'Empire rouge.

— Mais où est donc passé l'esprit d'opposition des Roumains? Je les connaissais autrement, même si j'étais un Prince assez autoritaire!

— Ce n'est pas facile à vous expliquer. Quelques-uns sont dans leurs tombes. Les autres sont en prison ou exilés, y compris le roi. Ceux qui sont restés ont été *éduqués* à supporter le joug comme des bœufs. Personne n'ose dire un mot. Paradoxalement, le même Nicolae Ceauşescu se présente partout comme un dirigeant indépendant, comme une figure extraordinaire de notre époque bien qu'il n'ait aucune qualité intellectuelle, qu'il ait fait ses études en parlant à ses inférieurs au téléphone, c'est une nouvelle invention, et qu'il ne parle pas mieux qu'un paysan d'Oltenie, et qu'il ait le cerveau un peu dérangé. Il prétend unir dans sa personnalité votre figure remarquable et celles de tous les grands princes de notre histoire.

— C'est le comble! Il est vraiment sans vergogne!

— Nous sommes dans l'impossibilité d'agir!

— Mais où sont-ils mes paysans libres? Pourquoi ne défendent-ils pas leurs terres, la patrie de leurs ancêtres?

— Ne les jugez pas si durement, Saint-Prince. Ils sont en train de disparaître et toutes leurs terres sont confisquées par l'état de la dictature du prolétariat. Ils sont devenus une sorte d'esclaves modernes. Une partie des paysans sont déménagés dans les villes. Ils ont trouvé un emploi et ils sont devenus des ouvriers, esclaves pour toujours, mais ils ont un emploi sûr.

— Pauvre pays, pauvres Roumains! De mal en pis. Pendant combien de temps pourrez-vous endurer cette dictature si dure?

— Les gens attendent la dispersion de l'impérialisme rouge.

Personnellement, je pense qu'il commence à pourrir. Un jour, *l'abcès devrait crever*. Mais pour l'instant, l'agneau n'a aucune chance contre le méchant loup.

— C'est la politique des lâches, des craintifs. A mon époque, tout le monde tremblait devant l'empire turc. Imagine-toi ce qui serait arrivé en Moldova si j'avais agi comme aujourd'hui. Le pays serait devenu une colonie turque et moi, un prince de coton, baptisé en Alah et manœuvré par le sultan de l'empire.

— Je suis de votre avis. Quant à moi, je suis prêt à lutter contre l'Empire rouge. En attendant la chute des Soviétiques, nous resterons en état d'esclavage.

— Ainsi m'avait parlé l'ermite Daniel. Et j'ai réussi pour la deuxième fois à vaincre l'empire ottoman, le tombeur de l'empire romain de l'est. Aux armes, Roumains! Vous devriez en avoir marre de votre état. Fauchez le cou aux occupants, levez la tête!

— Je les mettrais à sac, si vous étiez encore en vie.

— Quel métier pratiquez-vous, jeune homme?

— Celui d'écrivain ou de journaliste.

— Très bien. Tu as entre tes mains le sabre le plus pointu. Attaque sans pitié la *dynastie communiste* de Ceauşescu et de ses serviteurs. Dis aux Roumains qu'il faut mettre de l'ordre dans leur propre maison. Qu'ils fassent en sorte que Ceauşescu et sa compagnie partent. Ensuite, on pourra commencer les préparatifs d'une bataille contre le Diable Rouge de l'Est.

— Depuis votre mort, quatre empires ont disparus. L'Empire de l'Est seul reste.

— Je m'en doutais aussi. Mais, en réfléchissant, je me rends compte que toute chose a une fin. Promets-moi de faire quelque chose pour ce

225

peuple malheureux que j'ai tant aimé. Avec du courage, on vient à bout de tout...

— Je vous le promets, Majesté! Qui veut la fin prend les moyens.

— Enfin, je peux retourner dans le monde des ombres.

— Quand la chanson *Doïna*[1] résonnera de nouveau entre Prut et Nistru, dans les forêts épaisses de la Bucovine du Nord jusqu'au bord de la mer Noire, je viendrai près de votre tombeau vous annoncer la bonne nouvelle.

— Il suffira que tu allumes une bougie et je serai heureux! Adieu mon arrière-petit-fils!

Et l'ombre illustre disparut dans la nuit sombre. En me réveillant de mon état inhabituel, je mis le rideau au bon Prince. Je vais monter sur la brèche un jour; je pensais mourir les armes à la main.

Le lendemain, je partis avec les miens vers un pâturage situé tout près de la frontière. C'était une propriété de la famille chez qui nous étions hébergés. On devait faire le foin et nous décidâmes de leur prêter main forte. C'était un endroit ensoleillé et entouré de beaux sapins. Nous nous amusâmes tout en faisant le foin.

Vers midi, je m'aventurai tout seul dans un sentier qui approchait du piquet. Je voulais ramasser quelques *grains de terre roumaine* volés par l'Union Soviétique. C'était un paysage magnifique. Je sentais la colère m'emporter contre la *pieuvre soviétique*. Mais lorsque j'arrivai à moins de vingt mètres de l'ancienne terre d'Etienne le Grand, j'aperçus une vipère qui se chauffait au soleil et que je reconnus aussitôt à la lettre *V* qui marquait sa tête. Elle jeta son regard vers moi et elle se mit à la défensive. Il me sembla qu'elle voulait me dire: *Arrête-toi! C'est dangereux!*

Je me rendis compte du double danger: les gardes-frontières soviétiques et la morsure mortelle de la vipère. Je fis marche arrière et je retournai faire le foin à côté des autres, comme si rien n'était arrivé.

Le travail fut terminé aux alentours du coucher du soleil. Tout le monde était de bonne humeur. Ovidiu-Georges et Horea étaient vraiment heureux à Putna. Je leur avais appris que le travail peut devenir une source permanente de plaisir. Un autre jour, ils se baignèrent dans un ruisseau froid et pur comme une larme. Ma femme

---

[1] Poésie patriotique écrite par Mihail Eminescu alors que les provinces roumaines étaient occupées par les Turcs, les Russes et l'empire autrichien-hongrois.

les suivit de près. En soirée, ils burent du lait frais et ils mangèrent de la polenta. Puis ils me prirent en otage:

— Est-ce que nous pouvons écouter ce soir la légende de Daniel l'Ermite, commença Horea.

— Pourquoi pas! répondis-je. Je les aimais énormément.

J'étais un conteur tout à fait naturel. Je racontais, et j'inventais à mesure d'autres événements, jusqu'au moment où mes enfants étaient conquis par le sommeil.

Les vacances terminées, nous retournâmes à Arad. Je me sentais prêt pour une autre année. Mais je pensais encore à Putna... L'atmosphère patriotique qui régnait devant le tombeau illustre, la proximité de la terre volée par la *pieuvre soviétique*, le message de l'ombre d'Etienne le Grand m'avaient déterminé à écrire une longue lettre au *Conducator* de Bucarest.

L'occasion m'avait été offerte par Nicolae Ceauşescu lui-même, toujours bon diplomate. Celui-ci voulait que le monde entier le considère comme un dirigeant démocrate. Pour cela, il avait demandé au peuple de lui écrire et de lui soumettre des propositions à l'approche du dixième congrès du Parti.

Pendant un mois, j'avais scruté tous les domaines de la vie dans la Roumanie socialiste. J'avais établi le bilan des échecs de la nouvelle société. Mais si j'avais relaté les faits tels que je les avais constatés autour de moi, j'aurais tout de suite été emprisonné, ou supprimé. Un dictateur n'accepte jamais les conseils directs. Plusieurs personnes de son entourage avaient été éloignées et punies parce qu'elles avaient eu le courage de dire certaines choses. Contrairement à mes principes, je commençai ma lettre en flattant la famille Ceauşescu.

Les deux premières pages étaient réservées aux éloges. Selon moi, Nicolae Ceauşescu était le fils le plus aimé du peuple, l'étendard de la paix et du socialisme dans le monde entier, un dirigeant génial et clairvoyant. J'ajoutais que toutes les victoires obtenues par le peuple venaient de lui, grand penseur de l'époque contemporaine.

J'utilisais les mêmes éloges pour sa femme, Elena Ceauşescu. Je disais qu'elle était une savante renommée à travers le monde, qu'elle avait apporté de grandes nouveautés dans le domaine de la chimie moderne. Je me souvenais aussi des titres reçus par cette mère savante, activiste, vice-premier ministre et épouse dévouée du secrétaire général du Parti.

Après les éloges, car la femme était aussi avide de flatteries que son mari, je disais que le secrétaire général du Parti lui-même m'avait appris que la critique était la seule arme du Parti contre tout ce qui freinait le processus de construction du socialisme.

La vie m'ayant appris qu'il faut toujours avoir une *couverture*, le nom de Nicolae Ceauşescu lui-même m'apparut être le meilleur *abri*. Je commençai une critique objective et vigoureuse de l'agriculture socialiste. Je démontrais que la crise s'étendait de plus en plus dans un domaine vital de l'économie nationale. En effet, je faisais de plus en plus la queue devant les magasins; on manquait des produits de base comme la viande, le fromage et l'huile. En un mot, bien que le socialisme volait de victoire en victoire, je vivais de mal en pis.

La critique la plus sévère de cette lettre était décochée contre les privilèges de la *nomenclature*. Je montrais là un courage fou.

Au commencement de la révolution socialiste, disais-je, l'image du communiste était bien différente de celle d'aujourd'hui. On nous avait dit qu'il était un homme de haute attitude morale, qu'il était capable de n'importe quel sacrifice pour la cause et le bien de la société humaine, qu'il ne devait rien désirer pour lui-même avant que les autres ne soient contents et libres!

Longtemps, les Roumains ont cru que ce beau portrait deviendrait une réalité chez eux. J'ai connu quelques activistes qui étaient presque comme ça. Il y en avait quelques-uns qui faisaient des excès de zèle, moi compris. C'était la période romantique de la révolution socialiste...

Depuis, tout a changé. Ce qui est très triste, c'est que la majorité a dévié de la ligne droite. Ils sont devenus des profiteurs privilégiés, à l'abri des lois, semblables aux intouchables d'une caste indienne!

Ils ont les meilleurs salaires de toute la Roumanie! *Les civils* n'ont même pas la permission de connaître leurs revenus! Ils bénéficient des villas les plus luxueuses de Mangalia-Nord, Herculane, Sinaïa et des autres stations balnéo-climatiques du pays.

Vous savez que toutes les villas habitées par vos activistes et leurs familles possèdent des grilles ou des palissades, que tous ces endroits sont gardés par les hommes de la Securitate. Ils ont peur que la classe ouvrière ne découvre leur véritable existence, passant d'un banquet au suivant, comme des dieux antiques.

Est-ce qu'ils ont peur des constructeurs du socialisme qui se sont serrés la ceinture pour que ce littoral magnifique soit réalisé?

L'approvisionnement privilégié en produits agricoles et en viande est un autre élément qui favorise les camarades qui vous entourent. Il faut changer, ou bien supprimer, ce système préférentiel.

Les abus persistent dans tous les domaines et à tous les niveaux. Si les camarades veulent compléter leurs études, ils ont besoin de professeurs privés et discrets. La classe ouvrière ne doit pas savoir que le camarade premier secrétaire et le colonel de la *Securitate* ne sont pas capables d'extraire la racine carrée de 81.

C'est le peuple entier qui souffre à cause des prétendus *révolutionnaires de profession* qui mentent, qui volent, qui falsifient la vérité concernant la construction du socialisme en Roumanie.

Je vous dis que ces avantages agrandissent le fossé entre le peuple et le Parti. Je le constate avec inquiétude!

Aucun domaine ne m'avait échappé dans cette critique sévère, mais juste, de la société roumaine. Tout était précis, assorti de nombreux chiffres et de propositions dignes d'être prises en considération par le secrétaire général du Parti et le gouvernement de la République.

Je m'étais déployé à produire une vraie radiographie de l'époque de Ceauşescu. J'avais attaqué les piliers de cette société fermée et dure comme le diamant. Si Nicolae Ceauşescu n'avait pas voulu présenter la Roumanie comme un pays socialiste libre et démocratique, j'aurais eu des ennuis. Mais ce type de lettre, le dictateur les utilisait lorsqu'un journaliste occidental se présentait.

— Voyez, la classe ouvrière ose, critique, me donne des conseils pour réformer et améliorer le socialisme, C'est la véritable démocratie», disait-il souvent dans ces occasions, montrant de tels écrits.

Et cela avait le rare pouvoir de convaincre les journalistes étrangers. Au bout de trois mois, je fus appelé au Comité régional du Parti. Tout le monde m'attendait et je fus vraiment surpris: d'habitude, j'étais presque ignoré par la *nomenclature* de la région...

Un camarade inconnu, de haute taille, s'approcha de moi en me souriant avec amabilité. Tous les autres se taisaient comme des poissons dans la mer.

— Je m'appelle Teodor Popescu et je viens de la part du Comité central pour vous rencontrer.

— Enchanté. Je suis Georges Goldis, cheminot et journaliste à la pige.

— Enchanté de faire votre connaissance! me répondit-il en me tendant sa main fine. Donc, c'est vous qui avez écrit cette lettre formidable, très intéressante au secrétaire général du Parti et à son épouse, la camarade docteur, ingénieur et académicienne Elena Ceauşescu. Je suis envoyé pour discuter avec vous du contenu de cette lettre.

— Je suis très honoré de cette faveur. Le Parti nous apprend que la critique est la seule arme pour corriger les ennemis qui s'opposent à la construction du socialisme en Roumanie.

— C'est vrai, camarade Goldis! La direction du Parti est heureuse de recevoir des lettres aussi justes que la vôtre. C'est la camarade Elena Ceauşescu qui m'a confié votre lettre et je l'ai relue plusieurs fois. Je la considère comme une analyse rigoureuse des défauts qui dominent encore la société socialiste et qui rongent, comme des rats, les bases économiques du socialisme. Vous êtes un homme de grande valeur pour cette région et, pourquoi pas, pour le pays.

— Je vous remercie pour cette remarque. Mais tous ne sont pas de votre avis.

— Peu importe les autres avis. En ce qui me concerne, j'ai analysé chaque ligne de votre lettre. J'ai préparé plus de cent réponses.

— C'est extraordinaire. Je croyais que vous m'emprisonneriez. J'ai dit tellement de vérités tabous...

— A mon avis, vous n'avez dit aucun mensonge, rien contre le gouvernement ou contre la vraie ligne générale du Parti. Je suis contre les flatteurs de toutes sortes qui font aujourd'hui tant de mal. Avant de travailler au Comité central, j'étais architecte. J'aime la Renaissance et je suis contre le style baroque à cause de ses ornements superflus. Je voudrais que vous soyez satisfait des réponses que j'ai préparées. Mais il faut préciser que vous avez fait quelques propositions pour une autre époque de l'histoire. Vous êtes un visionnaire, vous n'avez aucune limite dans votre pensée...

— Je vous écoute. Ça me fait chaud au cœur.

— Une centaine de cheminots vont recevoir une augmentation de salaire pour une période de dix mois.

— C'est très bien pour leurs pauvres budgets. Ils vivent vraiment au jour le jour.

— Le salaire moyen des monteurs et des chaudronniers augmentera de vingt pour cent au cours des deux prochaines années.

— Il était temps, je vous en remercie.

— On investira de grosses sommes pour changer les conditions de travail dans plusieurs dépôts de locomotives du pays. C'est vous qui avez raison. Votre dépôt bénéficiera de dix-sept millions de lei. Il sera aussi décoré de l'ordre du travail de première classe à l'occasion de l'anniversaire de ses cent ans d'existence.

— C'est très bien.

— Votre proposition en ce qui concerne la construction d'une nouvelle locomotive utilisant des charbons inférieurs a également été retenue par le Ministère des transports.

— C'est merveilleux!

— Au cours du prochain plan quinquennal, on terminera l'électrification des réseaux Arad-Timisoara-Craïova-Bucarest.

— Cela nous rapprochera des pays développés. Puis c'est l'environnement qui gagne le plus.

— J'ai transmis toutes les propositions et toutes les critiques au Conseil supérieur de l'Agriculture. Je vous avoue de nouveau qu'elles sont très intéressantes; mais il faudra une dizaine d'années pour toutes les mettre en pratique.

— Pour certaines de mes propositions, une dizaine d'années signifie trop tard. C'est maintenant ou jamais, répliquai-je. Les gens ont faim et les marchés sont presque vides.

— A vrai dire, tout le monde est inquiet des retards qui effritent l'agriculture socialiste. A mon avis, il est difficile de changer tout d'un coup un système appliqué depuis un quart de siècle. En revenant partiellement à la propriété privée de la terre, nous pourrions avoir des problèmes avec nos voisins soviétiques.

— Sommes-nous vraiment un pays allié rebelle?

— Oui et non! C'est le commerce extérieur qui nous lie étroitement. Cinquante pour cent de nos produits s'en vont en Union Soviétique. Attendons la chute de leur agriculture.

— Ce ne sera peut-être pas avant un quart de siècle! Il faut regarder devant notre porte!

— C'est vrai. Pourtant, vingt de vos propositions sont à l'étude.

— Je pense trop loin et trop profondément. Mais je suis convaincu qu'on peut même améliorer le système actuel. En modifiant la paye destinée aux travailleurs agricoles, on pourrait stimuler la production. On devrait essayer de les rendre heureux.

— Vous avez encore une fois raison, vous êtes très clairvoyant. Vous avez sûrement les qualités requises pour devenir architecte-social. Il faudrait que vous soyez promu à un travail de grandes responsabilités. C'est dommage que vous restiez dans ce dépôt de locomotives. Qu'est-ce que vous en dites, camarade premier secrétaire?

— Voyez-vous, camarade Popescu, commença le premier secrétaire de la région, nous connaissons depuis quelques années Georges Goldis. C'est le Bureau régional qui a apprécié ses qualités exceptionnelles. On voulait même le recommander pour travailler au secteur de la presse. Mais il y a toujours un *mais*!

— Lequel?

— C'est qu'il a un dossier anti-soviétique! On choisit toujours un homme sans dossier...

— Il s'agit de deux mots, combinés par hasard en 59, répliquai-je. Ils ont fourni à certains l'occasion d'une vengeance terrible. Je pensais que je n'aurais plus à subir de reproches après la plénière d'avril 1964.

— C'est un problème dépassé, intervint Teodor Popescu. Seize ans, ça suffit! Georges Goldis a raison. Il a été victime d'activistes bornés et pro-soviétiques. En ce moment, il est réhabilité. C'est nous qui devrions lui demander des excuses, si j'ose dire...

— Attendons l'avis du Comité central.

— Vous l'avez. Je vous dis oui du fond de mon cœur!

— Il aurait été préférable qu'il nous demande notre opinion avant d'écrire au secrétaire général du Parti. Plusieurs choses auraient pu être corrigées sur place.

— La critique ne plaît à personne, répliqua Teodor Popescu. Maintenant, tout le monde est libre, sauf Georges Goldis. Je veux encore discuter de quelques choses avec ce charmant camarade!

Les membres du Bureau du Comité régional sortirent les uns après les autres en me regardant furieusement. Je me demandais comment ils me *paieraient* après le départ de Teodor Popescu.

— Pouvons-nous continuer, camarade Goldis?

— Un rendez-vous entre deux architectes, ça me plaît beaucoup.

Trois autres années passèrent. Chaque jour, chaque semaine, chaque mois, chaque année ne m'apportèrent rien. Je me regardais dans le miroir et je commençais à grisonner prématurément. La lettre adressée à Nicolae Ceauşescu, qui s'était avérée bonne pour plusieurs, s'était retournée contre moi. Un jour, le premier secrétaire de la région m'invita à une audience spéciale.

— Les critiques que vous avez faites au Comité central sont justes, commença-t-il. Il faut que nous travaillions doublement jusqu'à la prochaine visite de travail du camarade Nicolae Ceauşescu pour éliminer les nombreux points faibles que vous avez signalés. C'est moi qui détiens le pouvoir dans cette région. De tout temps, le silence est d'or. Vous avez déserté la cause du Bureau régional. Tant pis pour vous.

— Je dirai toujours la vérité, camarade premier secrétaire. Je ne suis pas à vendre de mon vivant.

— C'est votre dernier mot?... Je me fiche de vos lettres. C'est vous qui donnez de la tête contre le mur.

— Je reçois encore une leçon de conduite communiste et je vous en remercie, répliquai-je pour me faire une raison. Je ne me fie plus à l'apparence de certains dirigeants. Mais je voudrais vous prévenir, camarade premier secrétaire: des gens comme vous signeront un jour l'acte de décès du Parti. Alors, commencera la chasse aux faux comme vous et les autres qui formez le Parti présentement. Je vous rendrai responsable. Je vous promets que vous allez mourir d'une mort violente.

— Tu vas apprendre comment je m'appelle! me tutoya-t-il, enragé comme un taureau.

— Je le sais parfaitement: Andrei Cervencovici, un vilain moineau!

Je sortis du bureau du premier secrétaire fier de mon attitude intransigeante à l'égard de ses menaces. Ce dénicheur de merles ne me faisait plus peur. Qu'il vaque à ses affaires.

Je caressai ma dernière illusion à l'occasion de la fête du centenaire du dépôt de locomotives. La direction du dépôt me confia la rédaction d'une monographie et de tous les documents concernant cette fête, célébrée avec un retard de quatre ans à cause d'un manque de documents. Je proposai d'aller faire des recherches dans les archives de Vienne, l'ancienne capitale de l'empire autrichien, l'occupant d'antan de ma Transylvanie. La *Securitate* refusa ma demande prétextant que je pourrais faire défection à l'étranger...

Une fois pour toutes, je dus me contenter des archives de mon pays. Pendant quelques mois, je ne m'occupai que de cette rédaction qui exigeait un très gros travail. A part des documents d'archives, je consultai de vieux cheminots encore vivants, des gens qui avaient travaillé avant moi là-bas, des revues étrangères qui décrivaient les débuts du chemin de fer en Europe.

Je travaillais jour et nuit, sans relâche, tandis que le chef d'entretien tournait autour de moi pour me voler ma petite gloire. Le vieil ingénieur était près de sa retraite et il avait l'habitude de s'approprier le travail d'autrui depuis qu'il était chef du Cabinet technique. Un jour, je perdis patience:

— Si vous n'avez rien à faire, allez donc faire la queue pour acheter quelque chose.

— Vous vous moquez de moi, camarade professeur? Cet anniversaire est mon idée! Je veux que l'histoire reconnaisse mon exploit. Autrement dit, je veux être considéré comme l'auteur principal de cette monographie.

— Tiens, tiens, vous êtes un drôle de bonhomme. Je vous passe la plume et je vous prie de continuer à ma place. Vous aurez l'occasion de parvenir à l'éternité. Sortez d'ici, vieille noix!

Pendant quelques semaines, il ne me salua plus. La *vieille ficelle* propageait des mensonges à mon sujet. Lorsque la monographie fut terminée, le chef d'entretien recommença sa campagne d'invectives contre moi. Un jour, il adressa une lettre ouverte à l'Organisation du Parti et à la direction du dépôt. Il m'accusait d'avoir plagié son idée. Il exigeait qu'on le déclare auteur de la monographie. Rien de moins que ça! C'était le comble de l'effronterie. Le chef du dépôt me pria de lui faire ce plaisir à l'occasion de sa retraite.

— Je ne veux pas qu'un mensonge soit propagé de siècle en siècle, répondis-je révolté jusqu'au fond de moi-même. J'ai mis l'âme de mon âme dans cette histoire du chemin de fer en général et de notre dépôt en particulier.

— Il revendique quelque chose...

— Il ne m'a rapporté que quelques dates brutes en échange de son salaire d'ingénieur qui lui est versé par notre entreprise. Il n'a pensé aucune phrase, il n'a pas écrit un seul mot. Si vous êtes d'accord, je déchire le manuscrit et je vous prie de lui confier une nouvelle version.

— Ah non! C'est impossible. J'en suis sûr, il n'est pas capable d'écrire plus de dix pages. Vous êtes déjà un professionnel de l'écriture.

— Alors?

— Vous voyez tout par vos yeux. Je le connais depuis longtemps. C'est un *voleur à la tire*. Il est l'ami du premier secrétaire de la région. Il faisait des pressions sur nous tous.

— Qu'il ne me prenne pas sur un ton bien haut.

J'avais également préparé les discours que devaient tenir le chef du dépôt, le secrétaire du Parti, le président du syndicat et les ouvriers d'élite. Je pensais pour tout le monde.

Le ministre des Transports, ancien travailleur du dépôt dans les années 50, annonça sa présence à l'anniversaire. Il me félicita chaleureusement pour ma monographie et me décora de la distinction *merit ceferist*[1]. Dorénavant, je pouvais voyager gratuitement en première classe avec toute ma famille.

[1] Décoration remise aux cheminots qui avaient bien travaillé.

Et maintenant, le rédacteur en chef Bontelescu venait de mettre fin à mes illusions. Je n'avais plus la permission d'écrire dans la presse de la région. C'était ainsi qu'en avait décidé le Bureau de la rédaction à cause de l'article *Mauvais administrateurs*...

— Je m'évaderai de ce monde où le rapport des valeurs est toujours en fraction inverse. Ceux qui portent le joug et qui préfèrent vivre, méritent de le porter pour leur propre honte. J'abandonne tout espoir chez-moi.

J'avalai ma rage. J'avais de la classe, j'avais mes jambes de vingt ans, j'avais du feu dans les veines. Il fallait que je quitte le pays, que j'abandonne la maison que j'avais hérité de mes parents, que j'abandonne au hasard mes enfants et mon épouse, pour un temps indéterminé, et mes vieux parents sans aucune aide.

J'avais l'impression de laisser tomber vingt-trois millions de Roumains dans la souffrance. La vie de nomade n'est pas celle du Roumain. Par contre, la terre roumaine a été, depuis le début du monde, une place d'asile.

Je ne savais pas ce que je pourrais faire ailleurs. Peut-être que je travaillerais dans une usine ou bien au chemin de fer où j'avais déjà une longue expérience. J'écrivais bien le français et j'étais capable de me débrouiller en tant qu'intellectuel dans n'importe quel pays de langue française.

Ayant travaillé pendant vingt ans aux bas travaux, je pourrais devenir homme à tout faire. Je gagnerais de l'argent n'importe comment. Puis je lutterais pour sortir ma famille du pays. J'envisageais tous les moyens, y compris la grève de la faim, Place Trocadéro.

Je m'entraînai à nager pendant deux semaines dans la rivière Mures, pour avoir une meilleure résistance au cas où j'aurais à opter pour le *passage* du vieux fleuve Danube.

Je retournai dans mon village natal. Je fis mes adieux aux endroits de mon enfance, aux tombeaux de mes chers ancêtres, à la rivière Teuz, à la forêt épaisse de chênes, à la maison où j'étais né, à chaque rue et à chaque pierre qui m'apportait un écho de l'heureuse époque, celle que j'avais vécue pendant mon enfance.

Parfois, je me mettais à pleurer à chaudes larmes, parfois je souriais. Je visitai tous mes parents encore en vie et je vis même mon oncle Cula deux jours avant sa mort. Il attendait le départ éternel avec une sérénité étonnante. On avait blagué ensemble. En passant par le jardin de mon oncle Cula, j'entrai dans le jardin de ma maison maternelle, maintenant la propriété d'un ami de mon père. Je pris quelques grains de terre et je les cachai dans un petit sac en plastique. Ainsi je ne perdrais jamais le lien avec ma terre roumaine.

Adieu, grand-père Ion, murmurai-je devant la croix de pierre du vieux cimetière. Je m'en vais dans ton Amérique que tu n'as jamais cessé d'aimer jusqu'à la mort. Je ne sais pas si on gagne autant qu'à l'époque où tu as travaillé chez Steinberg. Cela ne m'intéresse pas. Simplement, je veux vivre en liberté, dans un pays d'hommes libres. Je reviendrai sur ton tombeau (j'en suis sûr) lorsque ce pays sera libre et fier...

Tous étaient là: ma grand-mère Marie, ma grand-mère Fiica, mon grand-père Mihai, ma tante Floare, mon oncle Tonica, le prêtre Poleacu, mon ami d'enfance Crainic et beaucoup d'autres. Je me souvenais de chacun et de tous, comme s'ils étaient encore en vie.

Est-ce que j'étais capable de les quitter pour longtemps ou pour toujours? Je sortis du cimetière en pleurant comme un enfant. L'après-midi, je retournai à Arad, serrant mon petit trésor de terre sur ma poitrine... Puis je commençai à mémoriser mon manuscrit concernant ma vie, en le relisant plusieurs fois. J'abandonnai l'idée de l'enregistrer sur une cassette. Tout pouvait arriver. Si j'étais attrapé par les gardes-frontières, le manuscrit pourrait me valoir quelques années de plus de prison.

Je regardais furtivement mon père Nutu. Il avait déjà soixante-quinze ans. Malgré son amour pour l'eau-de-vie qui lui avait fait tant de mal pendant toute sa vie, mon père était d'une bonté infinie; il nous aimait et veillait sur nous tous. Il restait des heures entières à faire la queue devant les magasins pour nous apporter un peu plus de nourriture. Il était lui-même un homme qui avait un appétit pantagruélique et il se révoltait contre les communistes à cause du manque de saucisses sèches et de lard fumé.

J'avais le cœur serré comme dans un étau. Est-ce que je ne le reverrais plus jamais après mon départ? Je vivais un vrai drame et je me demandais si je serais capable de partir.

Grâce à mon activité journalistique, je m'étais familiarisé avec la frontière. Je m'étais même permis de pêcher dans la rivière Crisul Alb ou dans un canal à Dorobanti! Parfois, j'avais même passé de quelques mètres dans le pays voisin, la Hongrie. J'avais appris les habitudes des gardes-frontières. Toute personne officielle était intouchable: je montrerais ma pièce d'identité, émise par un journal et le chemin serait ouvert.

La situation était quand même différente sur la frontière avec la Yougoslavie qui avait un statut de *pays capitaliste* aux yeux du Parti. C'était par là que passaient souvent ceux qui voulaient vivre en liberté.

J'avais des papiers émis par le journal central *Le Travail* avec ma photo. On va faire un essai...

J'étais en congé annuel depuis une semaine. Je fis un dernier tour de la ville. Je m'arrêtai au restaurant *Le Vautour* et je pris une bière en compagnie de mes cheminots. Personne n'était au courant de mon départ, ni même ma mère!

Le lendemain, j'embrassai les miens et je partis pour Bals, chez mon cousin Gicu. Je montai aussitôt dans le train qui allait vers la gare centrale. Je me présentai au guichet de première classe pour prendre le visa de mon permis gratuit de voyage. Puis je montai dans le train et pris place à côté de la fenêtre.

Mon plan d'évasion était uniquement basé sur le passage du fleuve. J'analysai mille fois tous les scénarios possibles. En après-midi, je descendis à Orsova, une ville sur le bord du Danube. Je visitai la ville qui avait été entièrement reconstruite après la construction de la centrale hydraulique. L'environnement était splendide. Il y avait plusieurs touristes. Quant à moi, j'entrai vite dans la peau du journaliste. Je notais et je photographiais ici et là.

Un officier s'approcha gentiment de moi. Je sortis calmement mes papiers. Il les regarda attentivement, puis il me les restitua en me souriant. Il me souhaita un bon séjour à Orsova. Une fois pour toutes, je savais que j'étais devenu un *intouchable*. Mes *coordonates* étaient déjà transmises aux gardes-frontières. J'eus l'occasion de me renseigner sur place des meilleures possibilités de passage sur le Danube. Je fus vraiment surpris de constater qu'ils étaient moins exigeants que sur la frontière terrestre. Le Danube était un défi de taille et le vieux fleuve tuait souvent les fugitifs. Je remarquai qu'il y avaient des réflecteurs géants qui éclairaient la surface du Danube.

Une pluie torrentielle se mit à tomber. *C'est un moment très favorable* pensai-je en m'approchant à quelques mètres d'un endroit que je visais déjà. Je me déshabillai vite, j'introduisis mes vêtements dans deux sacs de nylon, je les attachai à ma ceinture et j'entrai dans les eaux du fleuve.

J'avais peur que le pluie ne cesse brusquement: j'aurais alors mille chances d'être découvert. J'avais des papillons dans l'estomac. Mais non! elle continua et j'avançai vers le milieu du fleuve. Soudain, un courant fort me saisit et m'emporta comme une noix, à deux kilomètres de mon but.

Le pire scénario était d'être rejeté vers le bord roumain du Danube. A un moment donné, j'eus l'impression d'avoir perdu mes forces, que mes efforts et mes risques étaient vains. Je pouvais être englouti par les eaux et finir ma vie au fond du fleuve. Est-ce que ça valait la peine? Je fis un effort extraordinaire, je me ressaisis et je redevins calme! Je commençai à maîtriser les flots du fleuve...

Soudainement, un réflecteur géant fit une recherche de routine à la surface de l'eau. Sa lumière provenait d'une vedette de patrouille et non du système que j'avais vu sur la rive roumaine. J'eus à peine le temps de me cacher la tête sous l'eau. Cette recherche avec l'aide de la lumière me sembla durer une éternité. Je pensais déjà aux conséquences si j'étais découvert. On racontait que les gardes-frontières tuaient les fugitifs sur place avec des barres d'acier! Je vécus des instants terribles. Par chance, la lumière s'éloigna.

Je respirai profondément et je continuai mon périple. Je n'entendais que les grosses gouttes d'eau qui tombaient comme des balles non loin des ruines du pont construit par Apollodore de Damas, il y a deux mille ans. Je luttai deux heures contre les flots et les courants meurtriers, l'épée de Damoclès sur ma tête, pour traverser le vieux fleuve.

J'arrivai sain et sauf sur la rive droite. J'attendis le départ de la patrouille yougoslave, puis je me dirigeai vers un jardin lointain. Je regardai à droite et à gauche. Le silence était total. Je décidai d'y entrer à pas feutrés. Je m'arrêtai devant une meule de foin, je remis mes vêtements et je me couchai dans le foin frais. J'étais au bout de mes forces et bientôt je tombai dans un sommeil profond, comme dans un lit princier.

Je me réveillai à l'aube. Je consultai une carte et je partis vers Kladovo, un village dont la population était majoritairement roumaine. On savait que ses habitants fraternisaient avec les Roumains de la rive gauche. Je voulais éviter à tout prix d'être arrêté par les gardes-frontières. Si cela arrivait, je serais emprisonné pendant un mois, avant d'avoir la permission de me diriger vers un pays occidental...

A part de cela, j'étais libre comme jamais. J'étais sorti du *pays prison* du *roi rouge* Ubu. C'était la chose qui comptait le plus. Je pensais aux miens. On va se revoir dans quelques mois à Montréal. Dans mon esprit, j'avais déjà choisi le Québec que j'avais commencé à aimer depuis la lecture de *Maria Chapdelaine*.

Achevé d'imprimer en novembre 1994 chez

à Boucherville, Québec
00227